Historia de Brasil

Una guía fascinante sobre las antiguas civilizaciones indígenas, la colonización portuguesa, la época imperial y los tiempos modernos

Índice

Introducción

Brasil presume de una cultura singularmente vibrante, una mezcla ecléctica de gente de diversos orígenes sociales o étnicos y un paisaje natural rico y vasto. Como uno de los países más grandes del mundo y uno de los más importantes políticamente, resulta naturalmente muy interesante examinar cómo ha llegado hasta ahí. ¿Cómo se convirtió Brasil en un país tan particularmente notable? ¿Qué acontecimientos llevaron a una nación a controlar un trozo de tierra tan enorme, lleno de sorpresas y secretos, algunos de los cuales aún desconocemos? ¿Quiénes fueron algunas de las figuras más importantes que dieron forma a lo que Brasil es hoy?

Las respuestas a estas y muchas más preguntas sobre Brasil se encuentran en la historia de la nación, cuyo examen resulta muy atractivo. Es una combinación de acontecimientos dinámicos y memorables que captan la curiosidad de personas de todo tipo, ya sea que estén familiarizadas con el contexto más amplio en el que hay que situar la historia de Brasil o simplemente interesadas en saber más sobre un país que aman. La historia brasileña contiene ciertamente algo para todos los gustos y está llena de acontecimientos que coinciden con otras circunstancias sociales e históricas de todo el mundo. Esto es cierto tanto para la época precolombina como para la poscolombina, aunque sabemos mucho menos de la primera que de la segunda.

La lucha secular del pueblo brasileño, que continúa aún hoy, no solo está marcada por sus relaciones adversas con los conquistadores y colonizadores extranjeros. Una de las principales luchas del pueblo brasileño, incluida la población indígena y los que se asentaron en la nación tras la llegada de los colonizadores portugueses, fue con las ideas europeas. Al igual que en otras colonias de América y de todo el mundo, los esfuerzos por europeizar Brasil fueron frecuentes. Los colonizadores trajeron un conjunto distinto de ideas, actitudes, prácticas y tradiciones, y su difusión de Europa a Brasil se aceleró durante los siglos XVIII y XIX.

Las instituciones y formas de pensamiento europeas fueron desafiadas por las poblaciones indígenas y africanas de Brasil, cuyas vidas se habían visto drásticamente afectadas por la era de la colonización europea. Puede afirmarse que Brasil, el país tal y como lo conocemos hoy, nació solo después de que estas culturas se sintetizaran con la cultura europea. Como veremos, ejercieron su propia influencia sobre los colonizadores, un proceso que culminó con la independencia de Brasil en 1822, un acontecimiento que transformó el paisaje sociopolítico del hemisferio occidental y afectó a las luchas de poder europeas en el «Viejo Mundo».

Por ello, es interesante examinar de cerca la historia de Brasil y pensar en los acontecimientos más importantes que influyeron en gran medida en la evolución del mismo hasta su forma actual. Una buena forma de hacerlo es observar el pasado de Brasil en el contexto más amplio de la colonización europea de las Américas, aunque incluso en este caso Brasil destaca como un ejemplo único debido a sus orígenes portugueses en contraste con la América española o anglofrancesa. No obstante, como colonia europea, Brasil compartió muchas experiencias con las naciones latinoamericanas y norteamericanas en lucha, la mayoría de las cuales lograron su independencia en el siglo XIX. En este sentido, la historia brasileña es una narración de los esfuerzos de su pueblo por afirmar las libertades universales y forjar su propio destino y camino hacia el progreso.

Y, sin embargo, a pesar de haber derrocado el yugo de los europeos en 1822, los últimos doscientos años de la historia brasileña han estado marcados por una agitación política y socioeconómica igualmente intensa. El legado poscolonial aún puede observarse en Brasil, como en la mayoría, si no en todas, las sociedades poscoloniales. Un aspecto de la vida brasileña actual que salta a la vista como claro resultado de siglos de intromisión colonial es la diversa composición etnocultural del país. Brasil es un crisol de poblaciones indígenas americanas, europeas y africanas. También es uno de los principales ejemplos de una sociedad en la que todos estos grupos diferentes consiguieron integrarse a la perfección.

Sin embargo, irónicamente, los principales retos a los que se enfrenta Brasil en la actualidad pueden compararse con los que tuvo que afrontar cientos de años antes. A pesar de las importantes posesiones territoriales del país y de sus vastos recursos, está plagado de altos niveles de desigualdad social y económica. En el siglo XX, el país sufrió importantes cambios políticos, incluida una larga dictadura militar, que dañaron la integridad de su estructura política. Hasta el día de hoy, muchos se muestran escépticos ante las élites políticas y económicas del país debido a la corrupción generalizada, que también penetra en los servicios civiles brasileños. En última instancia, los problemas que conforman el Brasil actual son múltiples y la única forma de abordarlos adecuadamente es examinar las circunstancias históricas en las que surgieron.

Así, este libro ofrece una historia concisa de Brasil. En los primeros capítulos, examinaremos brevemente las sociedades indígenas que habitaban Brasil antes de la llegada de los colonizadores europeos a América a finales del siglo XV. Por desgracia, nuestro conocimiento de esta época se limita sobre todo a las fuentes europeas y al legado arqueológico que nos queda, lo que significa que aún queda mucho por saber sobre los indígenas brasileños.

A continuación, pasaremos a la historia de Brasil como colonia, desde un enclave portugués en un Nuevo Mundo dominado por los españoles hasta el país más grande de Sudamérica. Examinaremos los factores económicos, políticos, culturales y sociales que contribuyeron al desarrollo del Brasil portugués. Esta época sentó las bases de lo que Brasil llegaría a ser una vez alcanzada la independencia de los colonizadores. Analizaremos la lucha por la independencia que transformó el panorama político de Brasil y de todo el hemisferio occidental. Por último, el libro narrará la historia del violento y turbulento cambio de Brasil del imperialismo a la democracia y los retos que el país tuvo que afrontar desde finales del siglo XIX. Asimismo, examinaremos la importancia moderna de Brasil en los asuntos políticos latinoamericanos e internacionales.

Capítulo uno - Los orígenes del Brasil colonial

La era de la exploración

La Baja Edad Media, que duró aproximadamente de los siglos XIV al XVI, fue una época crucial en la historia europea, y por buenas razones. Políticamente, los europeos habían conseguido alcanzar un *statu quo* algo estable, sobre todo en comparación con el milenio anterior, más o menos después de la caída de Roma en 476. La mayoría de los reinos, como Inglaterra o Francia, ya habían definido sus fronteras entre sí y habían establecido un orden cristiano con un sistema social distinguido. Consideraban al papa como el líder de facto del mundo cristiano. La expansión del islam, que había sido quizá la mayor amenaza percibida para la estabilidad europea, había sido contenida en su mayor parte.

Con la llegada del Imperio otomano y la caída de Constantinopla en 1453, la situación en Europa empezó a cambiar. La Europa católica vio una afluencia de emigrantes procedentes de las antiguas tierras del Imperio bizantino, ahora bajo el control de los otomanos. Varios eruditos, nobles, comerciantes y miembros del clero cristiano se trasladaron a Europa, llevando consigo valiosas posesiones que incluían manuscritos de la antigüedad clásica, conservados en las bóvedas de las iglesias griegas y antes inaccesibles para los europeos occidentales. Esto dio lugar a una renovada voluntad de aprender y redescubrir el rico pasado clásico de Europa, perdido con el caos que se había desatado desde la caída del Imperio romano de Occidente.

Este nuevo movimiento, practicado al principio por los miembros más ricos de la sociedad italiana, se conocería como el Renacimiento. Se trata de uno de los productos más fundamentales del pensamiento europeo medieval. El Renacimiento no solo se ocupó del arte, la literatura y la arquitectura. También dio lugar al desarrollo del humanismo, un movimiento que atribuía más importancia a las capacidades de los seres humanos como actores racionales que podían dar forma al mundo en el que vivían.

A su vez, los europeos comenzaron a estudiar lenta, pero inexorablemente el mundo que habitaban. Incluso mientras el cristianismo conservaba su importancia como principal guía para ordenar la vida europea, el movimiento humanista del Renacimiento hizo que los europeos de finales de la Edad Media estuvieran hambrientos de conocimiento y comprensión. Irónicamente, el *statu quo* católico acabaría siendo desafiado por los europeos, ahora cada vez más instruidos en las artes, las humanidades, la filosofía y la ciencia. Sin embargo, antes de que la Revolución Científica de finales del siglo XVI y el posterior movimiento de la Ilustración sacudieran fundamentalmente los cimientos tecnológicos y morales del continente, otro acontecimiento tuvo consecuencias materiales más inmediatas para los reinos europeos. Fue el comienzo de la Era de las Exploraciones.

Durante la Era de la Exploración, también llamada Era de los Descubrimientos, las naciones europeas emprendieron cada vez más viajes atrevidos, tratando de explorar lo que había más allá de las fronteras de su continente. En retrospectiva, a uno le puede parecer extraño que el alcance del conocimiento del mundo por parte de Europa fuera muy limitado en aquella época. Sí, conocían lugares lejanos como China y la India, habiendo comerciado con ellos a través de mercaderes intermediarios durante siglos. Su conocimiento de África, en cambio, se limitaba sobre todo a la costa septentrional. Por relatos antiguos y nuevos, Europa tenía una idea aproximada de estas tierras lejanas, de las que sabía que producían algunos de los materiales más valiosos. Sin embargo, estos relatos eran a menudo poco fiables. Además, solo fue posible explorar el mundo cuando los avances científicos de los años del Renacimiento empezaron a revolucionar la navegación y la construcción naval.

A la vanguardia de la exploración europea se encontraba el Reino de Portugal, que inició su expansión ultramarina a principios del siglo XV. Varios factores permitieron a los portugueses emprender tales empresas, circunstancias que simplemente no se daban para otros europeos en aquella época. Uno de esos factores fue el panorama político de Portugal en aquella época, que era muy estable y se caracterizaba por tener menos complicaciones. Por supuesto, hay que tener en cuenta que Portugal como reino se había formado tras cientos de años de guerra contra los dominios musulmanes de Iberia, que habían surgido en la península tras la etapa inicial de la expansión islámica en el siglo VIII. Portugal se estableció durante la Reconquista, el esfuerzo de los reyes cristianos por recuperar Iberia. Desde su aparición como reino independiente en el siglo XII, Portugal había expandido sus territorios a expensas no solo de los musulmanes, sino también de los reinos cristianos vecinos. A finales del siglo XIV, el reino cimentó finalmente su posición, con fronteras cercanas a las actuales, después de que el rey Juan I (João I) se convirtiera en el primer gobernante de la nueva dinastía juanina o Casa de Avís.

De hecho, la política portuguesa de expansión ultramarina estuvo directamente influida por las circunstancias creadas tras la centralización de la monarquía bajo la Casa de Avís. Distintas fuerzas comenzaron a ganar poder e influencia en la corte real, y todas tenían sus propios intereses y designios para la exploración. La monarquía vio en la expansión ultramarina una forma pragmática de aumentar los ingresos del reino después de que los años de guerras constantes hubieran mermado considerablemente el tesoro.

El enriquecimiento personal era también la principal motivación de la ascendente clase mercantil, una clase social relativamente nueva que había surgido como parte vital de la sociedad portuguesa.

La Iglesia católica, por su parte, creía que la expansión proporcionaba una vía para seguir difundiendo la palabra de Dios y su misión a las sociedades «paganas». Esto era especialmente importante para la Iglesia católica portuguesa porque su historia había estado marcada por la lucha contra las fuerzas no cristianas.

Muchos plebeyos también estaban ansiosos por subirse a los barcos expedicionarios y ser los primeros en adentrarse en lo desconocido. Para ellos, sobre todo para la población masculina, significaba la perspectiva de un nuevo comienzo, quizá uno que prometía grandes riquezas para aquellos que se atrevieran a emprender tales viajes.

El único sector importante de la sociedad que se mostró menos partidario de invertir en la expansión ultramarina fue la nobleza terrateniente. Los nobles disfrutaban del *statu quo* y creían que la afluencia de más gente en busca de nuevas tierras que conquistar, rutas comerciales que monopolizar y paganos a los que cristianizar actuaba en detrimento de la mano de obra de sus haciendas.

Así pues, el estado sociopolítico de Portugal fue muy importante en los primeros esfuerzos por explorar más allá de las partes conocidas del mundo. Sin embargo, hubo otros «facilitadores» del despegue de Portugal en sus esfuerzos coloniales y expedicionarios.

En primer lugar, como ya hemos mencionado, los avances tecnológicos en la industria naval y la navegación permitieron hacer travesías más largas y arriesgadas en alta mar. A partir de la década de 1440, los portugueses empezaron a utilizar cada vez más los nuevos barcos carabela, de gran movilidad y diseñados para navegar también en aguas poco profundas. El príncipe Enrique el Navegante (1394-1460), cuarto hijo de João I, cuyo apodo sugiere su activa participación en asuntos expedicionarios, desempeñó un

Enrique el Navegante [1]

papel importante. Patrocinó muchos de los viajes iniciales a cambio de un porcentaje de los beneficios que obtuviera la expedición. El príncipe Enrique creía que el futuro de Portugal estaba en ultramar, fuera como fuera, en parte porque la Reconquista ya se había completado.

La expansión ultramarina se percibía así como una forma legítima de ampliar el poder económico y político portugués. También existía una necesidad más amplia de encontrar nuevas rutas comerciales hacia Asia, el antiguo proveedor de Europa de valiosos materiales comerciales, especialmente especias y seda. La expansión del Imperio otomano provocó la monopolización de las rutas comerciales por parte de los mercaderes otomanos, que mantenían estrechos vínculos con los comerciantes genoveses y venecianos. Esto hizo que los italianos se llevaran la mayor parte de los beneficios al dominar el comercio mediterráneo procedente del Imperio otomano. Esto también contribuyó al alto nivel de desarrollo de los estados italianos durante la Baja Edad Media.

Sin embargo, antes de que Portugal llegara a Brasil, o incluso antes de que tales viajes de larga distancia se percibieran siquiera como posibles, las actividades portuguesas de ultramar se limitaban sobre todo a la costa occidental africana. A lo largo del siglo XV, las expediciones portuguesas se abrieron camino hacia el sur a lo largo de la costa africana, alcanzando el cabo Bojador en 1434 y, de forma crucial, el cabo de Buena Esperanza en 1487. No se molestaron en adentrarse en el continente africano, sino que se quedaron cerca de la costa, estableciendo varios fuertes comerciales con una pequeña presencia militar permanente. Esto significaba que los portugueses tenían ventaja para beneficiarse de las mercancías que salían de esta parte de África, sobre todo el marfil y el polvo de oro.

Los portugueses también poseían las islas atlánticas cercanas a Europa y África occidental —Madeira, las Azores, Cabo Verde y Santo Tomé—, todas ellas adquiridas a lo largo del siglo XV. Estas islas actuaron como una red fiable para ampliar y concentrar las actividades comerciales portuguesas. Cada una de ellas se desarrolló económicamente para producir beneficios de forma independiente, lo que condujo al establecimiento de vastas plantaciones de azúcar. Para gestionar las plantaciones, los portugueses importaron esclavos africanos a partir de mediados del siglo XV, iniciando la infame práctica que configuraría la composición sociopolítica y demográfica del mundo en pocos siglos.

El objetivo principal de encontrar una ruta comercial marítima fiable a través de la India se cumplió a finales de siglo, cuando la expedición de Vasco da Gama logró rodear el cabo de Buena Esperanza, atravesar el océano Índico, llegar a la India y regresar en 1499. Esto supuso un alivio para Portugal por razones interesantes. La más obvia era el hecho de que el principal rival del reino —el Reino de Castilla— estaba interesado en alcanzar la expansión ultramarina de Portugal.

Castilla había disputado la propiedad de las islas Canarias y les había impuesto su dominio a principios del siglo XV. Además, en 1492, la reina Isabel I de Castilla aceptó financiar la expedición de cierto navegante genovés —Cristóbal Colón— que creía poder encontrar una ruta marítima a la India navegando hacia el oeste, en vez de hacia el sur a lo largo de la costa africana. Subestimando la verdadera escala de la Tierra circular e ignorando la existencia de otra enorme masa de tierra al oeste de Europa más allá del Atlántico, Colón se dirigió infamemente a las Américas en lugar de a la India.

Aunque ofrecían bastante menos que las ricas tierras de China o la India, las islas del Caribe que exploró Colón fueron reclamadas no obstante por los exploradores españoles. Proporcionaron un valioso puesto avanzado desde el que organizar nuevos viajes al continente americano, que prometía muchas más riquezas. Cuando se corrió la voz del primer viaje de Colón por toda Europa tras su regreso en 1493, los portugueses se apresuraron a ampliar sus esfuerzos, lo que dio lugar al viaje de Vasco da Gama.

En 1494, Portugal y la Corona de Castilla llegaron a un acuerdo que marcó el futuro de la expansión colonial. Se trataba del ajuste de una bula papal que había concedido a la Corona de Castilla el derecho a reclamar las tierras situadas al oeste de una línea arbitraria trazada a 100 leguas al oeste de las Azores. Esto se debió en parte a una interpretación incorrecta del primer viaje de Colón, que afirmaba haber llegado al mar de China en lugar de a las Antillas en el Caribe. João II de Portugal renegoció esta sentencia papal con la reina Isabel y el rey Fernando, por considerar que había desfavorecido injustamente a Portugal. En virtud del Tratado de Tordesillas, la línea se desplazó un poco más hacia el oeste: 370 leguas al oeste de las islas de Cabo Verde. Las tierras que se descubrieran al oeste de la línea podían ser reclamadas por Castilla, mientras que todo lo que estuviera al este de la línea era para Portugal.

El propio Tratado de Tordesillas produjo una demarcación muy arbitraria y no había forma clara de saber qué tierras pertenecerían a los portugueses y cuáles a los españoles. Nadie era consciente entonces del tamaño de las Américas, ni del hecho de que se podía llegar a la India si se continuaba hacia el oeste desde el punto donde Colón había desembarcado. Aun así, el mundo desconocido prometía mucho a los futuros colonizadores.

Poco después del regreso de Vasco da Gama en 1499, otra expedición portuguesa, encabezada por Pedro Álvares Cabral, zarpó de Lisboa. Compuesta por una flota de trece navíos, la expedición —una de las mayores de su época— tenía como objetivo llegar a las Indias Orientales y establecer allí las actividades comerciales portuguesas. Sin embargo, en lugar de navegar hacia el sur a lo largo de la costa africana, la expedición tomó una ruta hacia el oeste tras alcanzar las islas de Cabo

Verde. Aproximadamente un mes después, a finales de abril de 1500, avistó tierra y tocó tierra en Porto Seguro, en la costa oriental de Brasil. Los portugueses habían llegado al Nuevo Mundo.

Encuentro con los nativos

Los portugueses llegaron al Nuevo Mundo unos ocho años después que los españoles. Y aunque las dos empresas coloniales acabarían tomando formas muy diferentes, las experiencias iniciales de los colonos fueron en gran medida las mismas. Además de que los europeos no tenían ni idea de lo que tenían delante, geográficamente hablando, otra realidad desconcertante de la exploración y colonización del Nuevo Mundo fue el encuentro con la población amerindia.

La población indígena de las Américas era muy diversa, aunque pudiera separarse en grupos lingüísticos o culturales, algo a lo que recurrieron los europeos poco después de su llegada. Había dos grupos principales en Brasil cuando llegaron los portugueses en 1500. El primer grupo eran los pueblos tupí-guaraní, que habitaban casi toda la costa brasileña y fueron los primeros en entrar en contacto con los portugueses. Los tupis vivían principalmente en el norte, mientras que los guaraníes lo hacían en el sur. La característica subyacente y la razón de la agrupación de estos pueblos era su lengua común.

El otro grupo importante de Brasil identificado por los colonizadores era el de los tapuia, nombre utilizado como término genérico para todos los pueblos no tupí-guaraníes de Brasil. Diferentes tribus de estos grupos incluían a los almoré, los tremembé y los goitacá, y ocupaban un área considerablemente menor que los pueblos tupí-guaraní.

Sabemos poco sobre la población indígena de Brasil antes de la llegada de los europeos. Nuestro conocimiento de sus orígenes y características etnoculturales consiste casi exclusivamente en pruebas arqueológicas y de ADN basadas en exámenes muy recientes de los territorios que habitaban.

Los portugueses produjeron registros muy sesgados contra los nativos desde sus primeros encuentros, un problema que generalmente plaga las narraciones de los primeros colonizadores. En los escritos que han sobrevivido de las primeras etapas de la colonización, a menudo vemos relatos contradictorios sobre las tribus nativas, basados sobre todo en sus relaciones con los colonizadores. Las tribus que se mostraron más amistosas con los portugueses y facilitaron el comercio se mencionan a menudo de forma positiva en los registros contemporáneos.

Por otro lado, los grupos de personas que opusieron más resistencia a los colonizadores o los que presentaban características culturales denostadas por el modo de pensar cristiano fueron vistos naturalmente de forma más negativa. En definitiva, las primeras interacciones portuguesas con estos diferentes pueblos produjeron más prejuicios, algunos de los cuales duraron décadas. Por ejemplo, los aimoré, notorios por su canibalismo (que practicaban algunos grupos dentro de los tapuia) y su feroz destreza bélica y militar, figuraban entre los grupos nativos más odiados. Este prejuicio se manifestó más claramente en 1570, cuando la prohibición de esclavizar a los nativos excluyó a los aimoré.

Para ciertas comunidades indígenas, los portugueses, con sus enormes barcos, sus poderosas armas, su piel blanca y sus prácticas cristianas, eran vistos como seres capaces de poseer poderes chamánicos especiales. Sin embargo, con el tiempo, a medida que se iban mostrando las verdaderas intenciones de los portugueses, los indígenas se vieron obligados a adaptarse a las nuevas circunstancias en las que se encontraban.

La superioridad tecnológica de los portugueses les permitió dominar militar y políticamente a las poblaciones autóctonas con facilidad. Una estrategia eficaz de los portugueses fue forjar alianzas con ciertas tribus y utilizarlas para luchar contra otras, lo que contribuyó al desarrollo de luchas y rivalidades intergrupales, las cuales acabaron por minar el esfuerzo colectivo indígena de resistencia.

En comparación con el modo de vida portugués, la organización social de los indígenas era más primitiva en casi todos los aspectos. Las poblaciones indígenas vivían en pequeñas comunidades y se dedicaban sobre todo a actividades de caza-recolección. Practicaban una agricultura limitada, sobre todo de subsistencia, y a menudo emigraban de sus viviendas cuando creían que la tierra ya no podía dar cosechas. Curiosamente, las principales mercancías objeto de comercio eran artículos de lujo, como piedras valiosas o plumas raras, en lugar de alimentos. Estas limitadas relaciones comerciales determinaron, en última instancia, la naturaleza de las relaciones entre tribus.

La cultura de los indígenas brasileños era bastante violenta. El canibalismo y los sacrificios eran prácticas destacadas, reservadas exclusivamente a los hombres, que tenían mayores funciones sociales que las mujeres porque eran guerreros. Sin embargo, las pruebas arqueológicas de la sociedad precolombina de la cultura marajoara (marajó), centrada en la isla de Marajó, en la desembocadura del río Amazonas, sugieren que concedían más importancia a las mujeres. Por ejemplo, se las representa a menudo en la cerámica marajó.

Exploraremos más a fondo la relación que se desarrolló entre los colonizadores y los indígenas amerindios de Brasil en capítulos posteriores. Lo que mencionaremos aquí es el legado obvio y quizá más horrible de la colonización: la diezma de la población indígena por las enfermedades introducidas por los europeos.

Es difícil determinar el número de indígenas que vivían en Brasil antes de la llegada de los portugueses, con estimaciones que oscilan entre unos pocos y doce millones de indígenas. Lo que podemos estimar con mayor precisión es que la población indígena experimentó un colapso demográfico completo tras encontrarse con enfermedades para las que no habían desarrollado inmunidad. La viruela se propagó rápidamente en las sociedades indígenas, diezmando las poblaciones y obligando a miles de personas a emigrar hacia el interior, lo que no detuvo la gravedad de los efectos de la enfermedad. Solo una décima parte de la población indígena brasileña tuvo la suerte de sobrevivir tras cerca de un siglo de colonización portuguesa, y el número siguió disminuyendo constantemente. La catástrofe demográfica que trajeron los colonos portugueses, unida a su conquista militar, a menudo despiadada, de las sociedades nativas, aceleró la desaparición de las comunidades indígenas.

Colonizar Brasil

Las primeras décadas tras la llegada de los portugueses a Brasil fueron dinámicas, pero no tan extensas como las actividades coloniales españolas de la época, centradas en la exploración de América Central. A diferencia de los españoles, que se atrevieron a aventurarse tierra adentro desde sus bases en las islas del Caribe, los portugueses optaron por ceñirse a la costa. No tardaron en darse cuenta de que la tierra a la que habían llegado era muy diferente de la India. Y, dado que la ruta marítima a la India alrededor de África acababa de ser descubierta, la Corona portuguesa se centró en establecer opciones fiables hacia la India en lugar de hacia un Brasil desconocido.

Los portugueses exploraron lentamente la costa brasileña mientras entablaban relaciones comerciales con los nativos, que recolectaban principalmente palo brasil para los colonos a cambio de artículos considerados sencillos y muy baratos para los europeos, como la ropa.

(El nombre de la tierra procedía del árbol autóctono Paubrasilia, que no solo era bueno para fabricar artículos de mobiliario, sino que también podía utilizarse para producir tinte rojo, lo que hacía que esta mercancía fuera muy importante). Dado que los nativos ya tenían experiencia en la recolección comunal de palo brasil en varias de sus tribus, esta relación resultó rentable para ambas partes. Este tipo de actividad continuó durante aproximadamente las tres décadas siguientes.

La Corona portuguesa solo empezó a invertir seriamente en la colonización de Brasil en la década de 1530. Para entonces, Fernando de Magallanes, un portugués que navegaba bajo bandera española, había descubierto la ruta marítima hacia el oeste de la India desde Europa, que pasaba por un estrecho en el extremo sur de Sudamérica y a través del océano Pacífico. Su viaje demostró que no sería un esfuerzo rentable el desarrollar y perseguir esta ruta como alternativa viable a la ruta africana descubierta por Vasco da Gama.

Este factor, combinado con una nueva amenaza exterior, casi convenció a la Corona portuguesa para que considerara seriamente la colonización extensiva de Brasil. La amenaza procedía de los franceses, que habían decidido probar suerte en las empresas coloniales. Ellos mismos habían alcanzado la costa de Brasil, que no podía ser defendida eficazmente por los portugueses debido a su tamaño. Además, los franceses no reconocían precisamente el Tratado de Tordesillas, por considerar que había dividido injusta y arbitrariamente el mundo en beneficio de solo dos reinos, dejando fuera a los demás.

Finalmente, cuando empezaron a comerciar también con palo brasil y a establecer pequeños asentamientos a lo largo de la costa, tanto en el sur como en el norte de Brasil, João III de Portugal se vio obligado a actuar. En 1530, reconociendo la necesidad de una presencia permanente que defendiera los intereses comerciales de Portugal, envió una expedición a Brasil, encabezada por Martim Afonso de Sousa, a la que se encomendó la defensa de la costa.

Además, el rey decidió implantar un sistema administrativo más eficaz para controlar mejor las posesiones portuguesas a lo largo de la costa, dividiéndola en quince unidades, cada una gobernada por un capitán donatario (*donatários*). A los capitanes, que procedían de diversos estratos sociales, se les concedieron amplios derechos sobre sus porciones administrativas. Gobernaban efectivamente la tierra en nombre del rey, pero no eran sus propietarios. Cobraban tasas e impuestos, estaban obligados a explorar y cartografiar sus dominios y a formar milicias para defender sus territorios, pudiendo repartir las tierras entre los colonos si lo consideraban oportuno.

Sin embargo, el sistema de capitanías solo proporcionó una solución temporal a los problemas de los colonos. Por ejemplo, la mayoría de las unidades no tuvieron éxito económico. Las únicas capitanías que sobrevivieron y surgieron como posteriores centros de colonización portuguesa fueron Pernambuco, en el este, y São Vicente, en el sureste. Otras fracasaron por diferentes razones, como la ambición de los capitanes de extenderse demasiado y entrar en conflicto con los nativos. No obstante, el sistema sobrevivió en varias formas modificadas hasta el siglo XVIII, con los papeles y derechos de los capitanes en constante cambio. Se aplicaron cambios administrativos significativos cuando João III decidió establecer un gobierno colonial en Brasil con un gobernador designado.

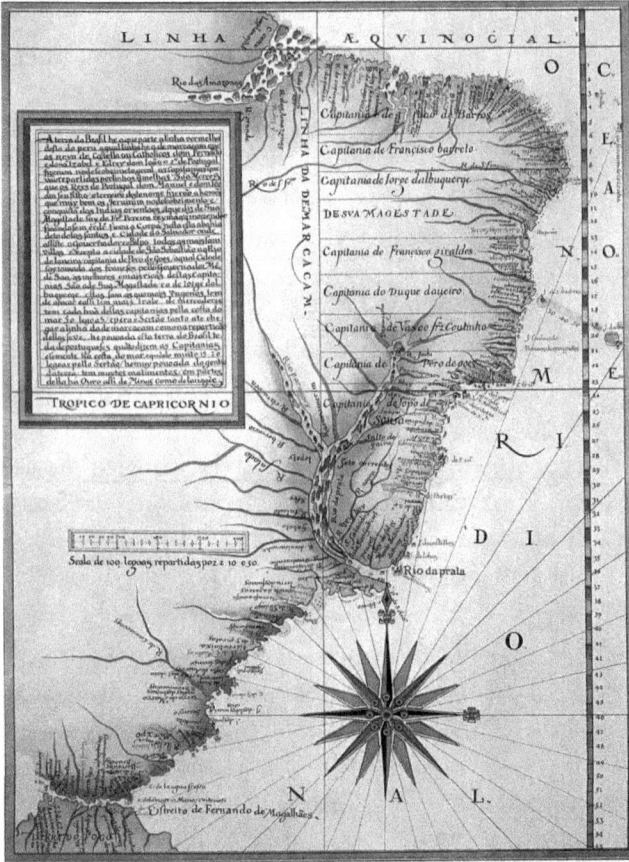

Mapa portugués (1574) de Luís Teixeira, que muestra la ubicación de las capitanías hereditarias de Brasil[2]

Esta decisión estuvo parcialmente influida por el éxito que estaban teniendo los colonos españoles en otras partes de América. Los españoles habían establecido formas más eficaces de gobernar sus posesiones coloniales y se habían expandido rápidamente por México, América Central y la parte noroccidental de América del Sur. El rey, creyendo que era necesaria una forma de gobierno más centralizada, envió así a Tomé de Sousa como primer gobernador real de Brasil en 1549 con una expedición de unos mil hombres. El primer gobernador también trajo cartas reales que identificaban el alcance de sus derechos y procedió a crear diferentes cargos administrativos que se ocupaban de asuntos judiciales, la recaudación de impuestos y el patrullaje de la costa. También hubo misioneros cristianos que acompañaron a de Sousa, entre ellos un grupo de sacerdotes jesuitas cuyo objetivo era vigilar estrictamente las prácticas cristianas de los colonizadores.

El nuevo gobernador y su equipo comenzaron a establecer varias grandes haciendas, en su mayoría plantaciones de azúcar. El azúcar se convertiría rápidamente en la principal mercancía de Brasil, aparte del palo brasil. En general, el control de la Corona sobre la colonia se hizo más firme, lo que lentamente se tradujo en ganancias económicas y en el desarrollo de un sistema que duraría siglos.

Capítulo dos - El Brasil portugués

Sociedad colonial

A mediados del siglo XVI, la empresa colonial portuguesa en Brasil se expandía lentamente. Dado que los portugueses se habían comprometido a permanecer en su colonia a largo plazo, empezaron a formarse ciertas estructuras sociales que definirían la sociedad brasileña durante siglos. Un aspecto importante de la nueva sociedad fue el sistema de trabajos forzados, que se implantó rápidamente y creció a lo largo de los años a medida que se expandía la actividad económica del Brasil portugués. Los portugueses no solo forzaron a muchos nativos a la esclavitud, sino que también comenzaron a importar cada vez más hombres y mujeres esclavizados de África. Esta práctica acabó convirtiéndose en una empresa enormemente rentable por derecho propio, al tiempo que se contaba entre los peores legados de la era de la colonización.

Para los colonizadores, la decisión de transportar esclavos africanos a Brasil era muy lógica. Esto se debió en parte a las diferencias culturales de las sociedades nativas brasileñas. Como hemos mencionado antes, no estaban acostumbrados al trabajo intensivo y solo trabajaban lo necesario para cubrir sus necesidades.

Esto no quiere decir que los colonos no esclavizaran a la población indígena. Sin embargo, los nativos también podían oponer una fuerte resistencia, algo que disuadió aún más a los colonos. Muchos nativos huían de las plantaciones en las que eran esclavizados, adentrándose en las selvas brasileñas, aún inexploradas por los portugueses. Como los nativos conocían mejor el territorio que habitaban, podían huir con más eficacia de los colonos.

Otro factor del cambio a la mano de obra esclava africana fue el catastrófico colapso de la población nativa tras su encuentro con los europeos. La contracción de virus mortales que provocaron la muerte de la mayor parte de la población nativa redujo simplemente la cantidad disponible de nativos que podían ser esclavizados por los portugueses.

También influyeron los esfuerzos de los misioneros cristianos, especialmente los jesuitas, que intentaron proteger a los nativos de la esclavitud. Sin embargo, los nativos nunca fueron considerados iguales a los colonizadores, a menudo se referían a ellos como objetos y «cosas» no humanas, incluso en los escritos de figuras religiosas. Las medidas de la Corona, como la ilegalización de la esclavitud de los nativos en la década de 1570, contribuyeron aún más, aunque muchas de estas medidas eran igual de arbitrarias. Por ejemplo, los nativos aún podían ser esclavizados si atacaban injustamente a los colonizadores o practicaban el canibalismo. Por último, la esclavización de la población indígena fue totalmente proscrita a mediados del siglo XVIII, aunque ya componían una parte menor de la fuerza esclava de Brasil antes de esta decisión.

A ojos de los portugueses, los africanos eran mucho más aptos para el trabajo que requerían los colonos, que incluía la recolección y el refinado del azúcar, tareas intensivas en mano de obra. Los esclavos transportados desde África también eran menos propensos a desarrollar respuestas tan mortales a las enfermedades europeas como los amerindios indígenas. Aunque muchos de ellos murieron poco después de llegar a Brasil, había más para esclavizar.

Los portugueses habían perseguido activamente el comercio de esclavos durante cerca de un siglo y sabían lo rentable que podía ser. En la primera mitad del siglo XVII, cuando la producción de azúcar alcanzó su punto álgido, también lo hizo el ritmo al que los portugueses transportaban esclavos africanos a Brasil. Las cifras crecieron exponencialmente. Se calcula que antes de que se prohibiera la esclavitud a mediados del siglo XIX, hasta cuatro millones de esclavos africanos habían sido llevados a Brasil, en su mayoría varones jóvenes que murieron en los primeros años de llegar a Sudamérica.

El crecimiento de las actividades coloniales portuguesas en Brasil fue de la mano del crecimiento de la práctica de la esclavitud. Algunas ciudades portuarias, como Río de Janeiro y Salvador, capital de Brasil hasta mediados del siglo XVIII, se convirtieron en centros del comercio de esclavos brasileño. Las conexiones y posesiones portuguesas en la costa africana permitieron el comercio de esclavos a gran escala, una empresa en la que Portugal era la principal nación europea y lo seguiría siendo durante siglos.

Los africanos que fueron esclavizados procedían de diversos orígenes étnicos. Se trataba de una práctica deliberada, ya que los colonos creían que transportar a muchos africanos de las mismas comunidades incitaría a movimientos de resistencia entre los esclavos una vez transportados a Brasil. Esto, combinado con la inmensidad del territorio brasileño y el desconocimiento del mismo por parte de los esclavos africanos, resultó eficaz contra cualquier esfuerzo de resistencia unida contra los colonos.

Aun así, eran frecuentes los casos de esclavos africanos fugitivos, que a menudo organizaban comunidades, conocidas como *quilombos*, donde establecían sus prácticas indígenas. Aunque no siempre eran grandes, estas comunidades se situaban en las periferias del control portugués. A veces crecían, permitiendo que se unieran a ellas amerindios blancos o indígenas convictos y buscados.

Los esclavos constituían el estrato social más bajo de la sociedad colonial brasileña, donde las divisiones se basaban principalmente en la etnia y el origen social. Esta característica estuvo presente en todas las sociedades coloniales americanas de diferentes formas. Los colonos varones blancos, especialmente los nacidos en Portugal, eran favorecidos entre el resto de la población, teniendo acceso a todos los derechos en función de su papel social.

La difusión de europeos, grupos indígenas y africanos acabó dando lugar a diferentes clases de base étnica, como la clase mulata, que acabó constituyendo la mayor parte de la población de las mayores ciudades brasileñas. Los *cafuzos*, nombre dado a los que tenían una mezcla de ascendencia indígena y africana, ocupaban una posición inferior en la jerarquía social, aunque técnicamente se los consideraba «libres». Es importante comprender que los colonos blancos siempre estuvieron en desventaja numérica, especialmente en los grandes centros urbanos como Río de Janeiro. Como la mayoría de los colonos eran varones (sobre todo en las primeras décadas de la colonización), los matrimonios mixtos y las relaciones sexuales con los indígenas eran una práctica habitual.

Los prejuicios sobre la inferioridad «natural» o «dada por Dios» de los diferentes grupos étnicos que tenían los colonos blancos fueron apoyados por instituciones prominentes, como la Iglesia católica. Más tarde, con el desarrollo de creencias pseudocientíficas que otorgaban una falsa importancia a las características físicas de los africanos o los indígenas, muchos de estos prejuicios se verían reforzados. Según sus adeptos, rasgos como el tamaño del cráneo o la «densidad» del cerebro demostraban su inferioridad frente a los blancos. Estas creencias deterministas influyeron enormemente en la composición de la sociedad brasileña y en los papeles sociales adoptados por los diferentes grupos que la componían durante los siglos venideros. La explotación estructural de los que se creía que eran «naturalmente inferiores» produjo más divisiones que aún pueden observarse en la mayoría de las sociedades poscoloniales, incluida la brasileña.

Por supuesto, también existían distinciones sociales dentro de las diferentes clases étnicas. Los colonos pretendían moldear la sociedad brasileña según los modelos y estándares europeos, copiando lo más fielmente posible las funciones de las clases sociales prominentes del Portugal medieval. Esto incluía las distinciones entre los miembros de la nobleza, el clero y los plebeyos. Sin embargo, estas distinciones no eran tan pronunciadas en Brasil.

Pocos nobles de Portugal abandonaron sus posesiones e influencia en Europa y se trasladaron por completo a la colonia debido a los evidentes riesgos asociados a este traslado. A los miembros de la sociedad colonial descendientes de la nobleza portuguesa se los denominaba *fidalgos* y eran más respetados que los colonos que se habían labrado su propia fortuna, siendo los primeros en emprender empresas coloniales.

Las diferencias del *antiguo régimen* medieval portugués solo se hicieron más prominentes en el siglo XIX, cuando la familia real portuguesa se vio obligada a huir de Lisboa para exiliarse en Brasil. Este momento definitorio de la historia brasileña, y las circunstancias sociales y políticas a las que dio lugar, se tratarán con más detalle en capítulos posteriores.

Antes de eso, los puestos más altos de la jerarquía social estaban ocupados por quienes tenían más poder económico: los terratenientes ricos y los mercaderes. Los movimientos sociales del Renacimiento ya habían aumentado la posición de los mercaderes en las sociedades europeas, a partir de los cuales comenzó a formarse una clase media-alta diferenciada. Como eran decisivos a la hora de proporcionar los medios para transportar mercancías a la madre patria y mantener la viabilidad económica de la colonia, su importancia en las colonias creció aún más.

Por otra parte, los miembros más ricos de la clase terrateniente eran propietarios de plantaciones que producían azúcar en grandes cantidades gracias a la mano de obra esclava que empleaban. La mayoría de los plantadores no eran de origen noble. Por el contrario, este grupo estaba formado por aquellos que habían sido los primeros en establecer plantaciones en Brasil.

Los plantadores y los comerciantes mantenían un firme control sobre la sociedad colonial de Brasil. Eran las fuerzas motrices de su economía y les interesaba sobre todo que continuara el *statu quo*. Aun así, ambos entraron en conflicto en ocasiones, ya que sus respectivos poderes no podían ser controlados eficazmente por las autoridades gubernamentales.

Economía brasileña

El principio organizador básico de las actividades económicas coloniales en el Brasil portugués era el mercantilismo. La mayoría de las naciones europeas de la época, si no todas, seguían una política mercantilista, que sostenía que cada nación debía acumular tantos recursos como pudiera, limitando las importaciones y confiando en las exportaciones. Este principio se aplicaba a los portugueses, que veían sus territorios de ultramar, Brasil incluido, como un medio de abastecer a la madre patria de recursos valiosos que pudieran exportarse a los mercados extranjeros. De hecho, diversificar los recursos disponibles para cada nación fue uno de los principales objetivos de la colonización. Para perseguir este objetivo y dominar el comercio internacional, las monarquías europeas regularon fuertemente las actividades económicas nacionales, y Portugal no fue una excepción.

En 1571, por ejemplo, la Corona portuguesa adoptó una política que configuraría la actividad económica de Brasil durante los siglos venideros. A los recursos producidos en Brasil debían acceder exclusivamente los mercaderes portugueses y comerciar con ellos hacia Portugal. No se permitía a ningún mercader extranjero acercarse a los puertos brasileños. Los mercaderes portugueses, que debían pagar un impuesto sobre las mercancías importadas a la Corona, pagaban lo menos posible por las mercancías y luego inflaban artificialmente sus precios al venderlas. Este enfoque, a largo plazo, era perjudicial para las economías coloniales, que, a pesar de producir enormes cantidades de recursos para las madres patrias, eran injustamente compensadas. Sin embargo, la Corona fomentó el mercantilismo, apoyando la creación de empresas comerciales financiadas por el Estado y semiprivadas que se especializaban en el comercio con las colonias y extraían todo lo que podían.

La política que concedía derechos exclusivos a los comerciantes portugueses para acceder al comercio en Brasil, implantada en 1571, siguió a varias décadas de libertad de comercio. Para asegurarse de que los comerciantes acataran la política, la Corona necesitaba establecer un control firme sobre sus posesiones en Brasil y mantener un orden público en el que se recordara a los individuos que seguían siendo súbditos de la monarquía portuguesa. Este había sido uno de los principales objetivos del establecimiento de una gobernación.

Además, el orden público y la obediencia a la Corona estaban garantizados gracias al papel de la Iglesia católica y a la creciente presencia de figuras religiosas en Brasil, que fueron especialmente prominentes a partir de mediados del siglo XVI. Los misioneros católicos estaban ansiosos por difundir el catolicismo, la religión estatal de Portugal, en parte porque percibían a los misioneros cristianos protestantes como sus rivales directos. La Iglesia y el Estado desarrollaron así una relación mutuamente beneficiosa en torno a sus papeles en Brasil, especialmente en los primeros tiempos de la colonización. La Corona defendió al clero y a menudo le concedió tierras para establecer monasterios en la colonia. A través de su constante implicación en la vida cotidiana de los súbditos brasileño-portugueses, la Iglesia era garante del orden y tenía vía libre para difundir el catolicismo. También pagaba una parte de sus ganancias a la Corona.

La producción económica de Brasil era diversa, con regiones especializadas en la producción de diferentes bienes. Al principio, la parte noreste de la colonia era la más importante económicamente, debido a que fue la primera zona colonizada por los portugueses. La ciudad costera de Salvador, actualmente en el actual estado de Bahía, fue la capital de la colonia hasta 1763, lo que estimuló el crecimiento y la producción en torno a la ciudad.

Esta parte de la colonia dependía de la producción y exportación de azúcar, una de las mercancías más valiosas del mundo en los siglos XVI y XVII. Un siglo antes, se había convertido en un alimento básico de la cocina europea en lugar de un producto de lujo. Los colonos pronto establecieron un sistema que maximizaba la producción de azúcar. Ayudado por un clima muy adecuado para el cultivo del azúcar, Brasil experimentó un auge económico durante estos años. Las capitanías del noreste fueron las que más se beneficiaron, gracias en parte a su relativa proximidad a los puertos europeos y a la riqueza de su suelo, regado por el río Amazonas.

La Corona ayudó al desarrollo de la economía azucarera en Brasil, por ejemplo, eximiendo a los plantadores de azúcar del pago de impuestos adicionales sobre sus ganancias. Esto incentivó a cada vez más gente a plantar azúcar, a pesar de que la cosecha de azúcar era un proceso tenue, laborioso e intrincado que requería gran destreza, condiciones perfectas y equipos adecuados. Debido a la naturaleza costosa de la producción azucarera, los plantadores solían pedir dinero prestado a todo tipo de acreedores, incluidas instituciones religiosas y órdenes católicas independientes que gozaban de privilegios financieros especiales. Más tarde, los plantadores desarrollaron una relación simbiótica con los comerciantes ricos, que a menudo financiaban el establecimiento de plantaciones de azúcar y, a su vez, compraban azúcar a los plantadores a un precio reducido.

A finales del siglo XVI, los esfuerzos por fomentar la producción de azúcar también tuvieron el efecto indirecto de aumentar el número de trabajadores esclavos africanos que trabajaban en las plantaciones. El procesamiento del azúcar requería una mano de obra intensiva que, a su vez, pasaba factura física a los que trabajaban en los campos. Dado que los colonos portugueses consideraban a los esclavos africanos como recursos esencialmente desechables, dependían cada vez más de ellos para cosechar el azúcar. Esto provocó la muerte de decenas de miles de esclavos, muchos de los cuales, como hemos mencionado antes, murieron por exceso de trabajo o por unas condiciones de vida horribles.

Dado que la demanda de esclavos africanos aumentó durante este periodo, cada vez se transportaban más esclavos de las posesiones africanas de Portugal a Brasil, y sus precios también empezaron a subir. Muchos plantadores, que habían aumentado enormemente su riqueza e influencia a mediados del siglo XVII, podían permitirse cada vez más esclavos, aumentando aún más sus beneficios.

Brasil ostentaba esencialmente el monopolio de la producción de azúcar y abasteció casi en solitario a los mercados europeos durante décadas, hasta que otras colonias empezaron cada vez más a cosechar azúcar por sí mismas. Las colonias caribeñas de Francia e Inglaterra surgieron como los principales competidores de Brasil.

Aunque la producción económica de Brasil se diversificó cada vez más en las últimas décadas del siglo XVII como respuesta a los nuevos rivales, el azúcar siguió siendo, sin embargo, un producto central. El azúcar representaba cerca de la mitad de todas las exportaciones brasileñas en el siglo XVIII, a pesar de que su rentabilidad había disminuido mucho desde su apogeo un siglo y medio antes. Más tarde, factores internacionales como la rebelión de los esclavos en la colonia francesa de Saint Domingue (Haití) —el mayor productor de azúcar del mundo en aquella época— revivieron la rentabilidad del azúcar brasileño. La rebelión, que se convirtió en toda una revolución en Haití, perturbó enormemente la producción de azúcar en la isla e incentivó a los comerciantes a visitar los mercados coloniales vecinos para comprar azúcar.

El algodón, el tabaco, el palo brasil, el café y la mandioca también se encontraban entre los bienes producidos en Brasil. A nivel nacional, muchos terratenientes también empezaron a criar ganado, que se convirtió en una parte vital del mercado agrícola brasileño. A finales del siglo XVII se descubrió oro en el sur de Brasil, lo que provocó una fiebre del oro. El oro, por razones obvias, se convirtió rápidamente en la principal exportación brasileña junto con el azúcar y contribuyó en gran medida al desarrollo del sur de Brasil, que hasta entonces se había considerado una periferia. También motivó a los colonos a adentrarse en el interior y explorar las misteriosas tierras del interior de Brasil, lo que dio lugar a la fundación de nuevos asentamientos. La fiebre del oro brasileña acabó configurando la dinámica socioeconómica de la colonia en el siglo XVIII, que exploraremos con más detalle más adelante.

Crisis en Brasil

A lo largo del siglo XVI, Brasil comenzó así a convertirse en una importante posesión ultramarina de Portugal. Aunque no podía presumir de la abundancia de metales preciosos que había en las colonias americanas de España, sin embargo, fue ampliando gradualmente su producción económica, atrayendo la atención de la madre patria. Cada vez más colonos comenzaron a emigrar al Brasil portugués. Se estudió muy bien el litoral e incluso varias expediciones viajaron al interior con la esperanza de encontrar más riquezas.

Fue entre los siglos XVI y XVII cuando las posesiones portuguesas en Brasil comenzaron a enfrentarse a su primera amenaza significativa. Esto se debió al complejo clima político internacional que surgió a finales del siglo XVI, cuando los reinos europeos se enzarzaron en conflictos a escala continental que también afectaron a sus territorios de ultramar.

En 1578, la monarquía portuguesa vivió una crisis sucesoria tras la muerte del rey Sebastián I, que no dejó herederos. Su tío abuelo Enrique, cardenal de la Iglesia católica, gobernó el reino durante los dos años siguientes. Pero tras su muerte en 1580, la Corona volvió a quedarse sin heredero. Surgieron diferentes contendientes para el trono portugués, pero la nobleza eligió al rey español Felipe II como nuevo monarca. Esto dio lugar al establecimiento de la Unión Ibérica, unos sesenta años durante los cuales la rama española de la Casa de Habsburgo gobernó España (a su vez una unión de las coronas de Castilla y Aragón) y Portugal. Los Habsburgo también heredaron posesiones en Italia y los Países Bajos, lo que los convirtió en la dinastía más poderosa de Europa en aquella época.

La Unión Ibérica significaba que los españoles y los portugueses podían ignorar temporalmente la línea del Tratado de Tordesillas, el acuerdo centenario que aún respetaban ambos. Las partes interesadas de ambos reinos, sobre todo los ricos comerciantes y colonos de las Américas, esperaban obtener un acceso más fácil a mercados hasta entonces inexplorados y beneficiarse de la nueva situación política.

Durante este periodo, los portugueses organizaron por primera vez varias expediciones a gran escala al corazón de Sudamérica, que cruzaron la frontera arbitraria establecida por el Tratado de Tordesillas y se aventuraron en el Amazonas. Aunque no se establecieron grandes asentamientos permanentes en lo que se convirtió en la parte centro-occidental del actual Brasil, el estado de Mato Grosso, estas expediciones supusieron una valiosa baza para que los portugueses reclamaran las inexploradas tierras sudamericanas.

Por otro lado, estar en unión personal con la Corona española significaba que los portugueses también se veían arrastrados a los conflictos librados por los Habsburgo españoles. Por aquel entonces, la Corona española se enfrentaba a una rebelión de sus súbditos en los Países Bajos, un conflicto que había comenzado en la década de 1560 y que duraría hasta mediados del siglo XVII. Cubrir los intrincados detalles de la revuelta holandesa contra los Habsburgo españoles está más allá del alcance de este libro, pero lo que sí debemos establecer es que los holandeses, teniendo designios coloniales, comenzaron a atacar las posesiones portuguesas en África, Asia y Sudamérica. Asaltaron Salvador en 1604 y fueron una amenaza para los barcos portugueses en el Atlántico durante los años siguientes.

A pesar de una tregua de doce años entre españoles y holandeses, de 1609 a 1621, durante la cual la colonia portuguesa disfrutó de un breve periodo de paz, los holandeses empezaron a echar cada vez más el ojo a los territorios portugueses de Sudamérica. Atraídos por la lucrativa industria azucarera, los holandeses crearon la Compañía Holandesa de las Indias Occidentales para hacerse con el control de las colonias de Sudamérica, débilmente defendidas, y emerger como la nueva superpotencia colonial. En Asia, la Compañía Holandesa de las Indias Orientales perseguía objetivos similares contra las colonias asiáticas de Portugal.

Tres años después de la ruptura de la tregua, en 1624, los holandeses volvieron a atacar Salvador y lo ocuparon sin encontrar mucha resistencia. El ataque supuso otra conmoción para los colonos portugueses de Brasil, que huyeron de Salvador y utilizaron tácticas de guerrilla durante los meses siguientes para impedir que las fuerzas holandesas expandieran su control más allá de la ciudad. Solo en mayo de 1625, tras la llegada de una fuerza de más de 10.000 soldados procedentes de Europa, los holandeses rindieron Salvador y devolvieron el control de la ciudad a los portugueses.

En 1630, los holandeses regresaron con una nueva fuerza, atacando ahora el noreste de Brasil y tomando las ciudades costeras de Recife y Olinda. Esta vez, los portugueses no pudieron hacer retroceder a los holandeses tan rápidamente debido a la ayuda que recibieron de los colonos portugueses locales. La Compañía Holandesa de las Indias Occidentales estableció su cuartel general en Recife y poco a poco comenzó a conquistar los territorios costeros situados más al norte. Lo que surgió fue el Brasil holandés o, como los propios holandeses se referían a la colonia, Nueva Holanda. No obstante, los guerrilleros portugueses dificultaron a los holandeses la obtención de beneficios de la producción azucarera durante los años siguientes.

La lucha por el control del noreste de Brasil continuaría hasta 1654. Para entonces, Portugal ya no estaba en unión personal con la Corona española y los holandeses habían conseguido finalmente su independencia de los Habsburgo tras ochenta años de lucha. Sin embargo, los portugueses seguían teniendo la intención de recuperar lo que habían perdido a manos de los holandeses en la década de 1630.

Gracias a los esfuerzos de resistencia de líderes locales como João Fernandes Vieira y André Vidal de Negreiros, los colonos portugueses de Brasil empezaron a lograr pequeñas victorias sobre las posiciones holandesas. El centro de la insurrección contra los holandeses fue la zona rural de Pernambuco, y las victorias acabaron por reducir las posesiones holandesas a Recife. Los locales salieron victoriosos en las dos batallas decisivas de Guararapes en 1648 y 1649, debilitando aún más la posición de los holandeses en Brasil.

A principios de 1652, debido a las crecientes tensiones entre Holanda e Inglaterra por sus posesiones en Norteamérica, ambos estados entraron en guerra, lo que supuso un tremendo costo para el esfuerzo bélico holandés en Brasil. En este momento crucial, el rey João VI de Portugal decidió finalmente enviar una gran escuadra naval para expulsar a los holandeses de Recife de una vez por todas. Se rindieron a las fuerzas portuguesas en enero de 1654.

Consolidación y expansión

La guerra contra los holandeses puso de manifiesto los evidentes problemas que habían existido en el sistema colonial. La incapacidad para defender ciudades costeras clave de los asaltos holandeses dejó claro que Portugal había ignorado durante mucho tiempo la defensa de su valiosa colonia. Aunque la Corona acabó reaccionando ante la invasión y ocupación de Brasil por las fuerzas holandesas, la victoria se debió en última instancia a los esfuerzos de los lugareños. Además, los holandeses también habían ocupado brevemente las posesiones portuguesas en África, en la actual Angola. Esto había interrumpido parcialmente la afluencia de esclavos africanos a Brasil y había dificultado aún más la estabilización tras la guerra. En conjunto, la economía de Portugal sufrió un gran golpe a mediados del siglo XVII y el país apenas conservó el control de Brasil, donde los colonizadores estaban ansiosos por reanudar la explotación imperial para obtener ganancias materiales.

Aun así, desde finales del siglo XVI se habían realizado esfuerzos cada vez mayores para seguir explorando el interior de Brasil. La ruta obvia era remontar el río Amazonas por el norte del país. Nadie conocía la extensión de las selvas tropicales y mucho menos el camino que seguía el río antes de desembocar en el océano Atlántico. Explorar esta parte del continente prometía ser una empresa meritoria porque podría unir potencialmente las posesiones portuguesas con las colonias españolas del norte y el oeste de Sudamérica. La ciudad costera de Belém, fundada en 1616 en la desembocadura del Amazonas, sirvió a este propósito y fue un punto de resistencia contra los franceses, que ocupaban tierras más al norte (territorios que acabaron convirtiéndose en la Guayana Francesa).

En 1637, el explorador portugués Pedro Teixeira se convirtió en el primer europeo en recorrer exitosamente toda la longitud del río Amazonas, llegando hasta el Perú español y reclamando en el proceso las vastas tierras de la selva amazónica para la colonia portuguesa. Sin embargo, esta parte de Brasil, ahora organizada en los estados de Pará y Amazonas, seguía estando subdesarrollada y contaba con una gran concentración de población indígena. No podía especializarse en la producción agrícola a gran escala, como el cultivo de azúcar o algodón, era muy pobre y estaba aún muy inexplorada.

Las densas selvas tropicales disuadieron a la mayoría de los exploradores de probar suerte en la zona, pero no todos temían dirigir expediciones tierra adentro, especialmente los que tenían la misión divina de difundir la palabra de Dios. Sí, el esfuerzo por explorar el norte y el centro de Brasil fue encabezado por misioneros cristianos, especialmente los grupos jesuitas, que comenzaron a fundar pequeñas aldeas y convirtieron a decenas de miles de indígenas amerindios al catolicismo a mediados del siglo XVIII.

En general, los jesuitas estaban en contra de la violencia sistémica practicada contra los indígenas, y los colonos a veces los veían con malos ojos por este motivo. Dado que habían obtenido el apoyo de los indígenas, muchos vieron su creciente influencia en la región como potencialmente perjudicial para la futura cohesión de la colonia. En consecuencia, los jesuitas fueron expulsados temporalmente de la zona en 1684. Finalmente regresaron y continuaron con sus actividades misioneras hasta 1752, cuando la Corona prohibió sus actividades en el norte de Brasil.

También se habían hecho esfuerzos tempranos para expandirse hacia el sur, donde la ciudad de São Paulo había sido fundada en 1554 por un grupo de misioneros jesuitas. Bautizada con el nombre del apóstol Pablo y situada en una cómoda meseta a unos 800 metros sobre el nivel del mar, São Paulo, actuó como centro desde el que se lanzaron misiones durante las primeras décadas de su existencia. La razón principal de ello fue, una vez más, la mayor presencia de grupos indígenas. De hecho, las regiones más septentrionales y meridionales de Brasil también eran similares en muchos otros aspectos. Ambas regiones tenían un menor rendimiento económico y una mayor influencia de los misioneros jesuitas. Los colonos portugueses se casaban a menudo con los indígenas, dando lugar a la clase *mameluco*, palabra utilizada para referirse a la descendencia de colonos blancos y nativos.

São Paulo también actuó como un importante centro para posteriores exploraciones hacia el sur y el oeste. A los colonos expedicionarios se los denominaba *bandeirantes*. El nombre procede de la palabra portuguesa para bandera —*bandeira*—, ya que las expediciones estaban encabezadas por abanderados designados y antiguas unidades militares portuguesas de hasta cincuenta hombres. Los *bandeirantes* desempeñaron un papel muy importante en la expansión de las fronteras del Brasil colonial, mucho más allá de la línea de Tordesillas. Sus expediciones estaban formadas por *mamelucos*

Un cuadro de *bandeirantes* brasileños [8]

locales paulistas (residentes en São Paulo) y colonos blancos, que estaban al mando. Las expediciones contaron con el apoyo de un gran número de indígenas amerindios, que siguieron el ejemplo de los colonos y fueron fundamentales para navegar por las zonas desconocidas del sur de Brasil.

Los *bandeirantes* viajaban en todas direcciones desde São Paulo, encontrándose regularmente con aldeas de nativos no contactadas previamente y esclavizando a la población indígena. Sus expediciones tardaban a veces varios años en completarse y muchas de ellas se organizaban independientemente del apoyo del gobierno colonial. Por supuesto, los burócratas portugueses a cargo de la capitanía de São Vicente y más allá, en general veían con buenos ojos los esfuerzos de los *bandeirantes* por explorar las zonas remotas, sobre todo porque extendían aún más el control portugués sobre las áreas dominadas por los nativos.

Los amerindios prisioneros de estas aldeas remotas eran vendidos como esclavos en el sur, sobre todo en Río de Janeiro, donde había una nueva demanda de mano de obra esclava debido al reciente desarrollo de la industria azucarera. Las extensas actividades de los *bandeirantes* coincidieron con los años en que se interrumpió el suministro constante de esclavos africanos a Brasil debido a la guerra en curso con los holandeses.

Las expediciones de *bandeirantes* también fueron vitales para la historia del Brasil colonial en otro aspecto. A finales del siglo XVII, en el actual estado montañoso de Minas Gerais, los *bandeirantes* descubrieron oro. Como se puede imaginar, esto afectó enormemente a la dinámica socioeconómica del Brasil colonial, provocando una fiebre del oro que llevó a miles de colonos a emprender viajes a lo desconocido en busca del metal precioso. Esto fue especialmente cierto para muchos que fueron directamente de Portugal al sur de Brasil en busca de una vida nueva y próspera. Se calcula que más de medio millón de portugueses llegaron a Brasil durante las primeras décadas posteriores al descubrimiento del oro.

Este descubrimiento impulsó la economía de la parte sur de la colonia, que hasta entonces se había visto eclipsada por las zonas productoras de azúcar más ricas del noreste. Ahora, sin embargo, el noreste empezó a perder lentamente su importancia económica y política. La producción de azúcar ya había sufrido un duro golpe durante las guerras con los holandeses, y la creciente demanda de mano de obra esclava y el aumento de la emigración al sur tuvieron sus consecuencias. Esto se manifestó mejor en 1763, cuando la capital de la colonia fue trasladada de Salvador a Río de Janeiro, que rápidamente se convirtió en la ciudad de mayor crecimiento de Brasil junto con São Paulo.

Otro efecto del descubrimiento del oro fue que la Corona portuguesa se interesó más por la regulación de su colonia, lo que llevó al establecimiento de nuevas demarcaciones administrativas e importantes servicios civiles, como los tribunales y juzgados municipales. El oro también estaba fuertemente gravado, y al menos una quinta parte de todos los metales preciosos extraídos (también se descubrió diamante, pero en una cantidad mucho menor) iba directamente al tesoro real. Los mineros colonos también pagaban impuestos en función de la cantidad de esclavos que empleaban. Los que eran independientes, es decir, que no tenían esclavos, también tenían que pagar tasas adicionales.

El grado en que la madre patria se implicó de repente en la vida cotidiana del Brasil colonial fue notable. La Corona también intentó equilibrar los intereses de las diferentes regiones de su colonia. Los habitantes de São Paulo habían solicitado inicialmente privilegios especiales en cuanto al acceso a las minas de oro, pero a Lisboa no le interesaba favorecer abiertamente a una parte de la colonia en detrimento de otra. Se introdujeron cuotas de esclavos en el sur para asegurarse de que el suministro de esclavos a las plantaciones azucareras del noreste se mantuviera estable.

Sin embargo, una participación tan rápida y activa en los asuntos de la región colonial más reciente tuvo sus consecuencias. Tanto los colonos europeos como los *mamelucos* empezaron a desconfiar de las autoridades nombradas a nivel central, que cada vez desatendían más sus demandas con el fin de acumular el mayor beneficio posible para la Corona. Con el crecimiento de la economía minera gracias al aumento de la oferta de esclavos, los colonos más ricos de la región meridional ganaron mucha influencia y poder político. Muchos ricos terratenientes, algunos de ellos plantadores de azúcar, también diversificaron sus ingresos involucrándose en el negocio minero.

El descubrimiento del oro también contribuyó al desarrollo de nuevos sectores de la economía centrados en el oro, creando oportunidades para extraer directamente el recurso. Esto alcanzó su punto álgido a mediados del siglo XVIII y comenzó a declinar lentamente, con las minas de oro brasileñas agotándose poco a poco en el siglo XIX.

Capítulo tres - El nacimiento del Brasil independiente

Luchando con la madre patria

En la segunda mitad del siglo XVIII comenzó en Brasil un período de verdadera turbulencia social y política. En el centro de esta agitación se encontraban, una vez más, los acontecimientos internacionales más amplios de Europa que transformaron para siempre el destino del continente y de sus pueblos. La estructura monárquica absolutista de los reinos e imperios europeos empezó a mostrar sus grietas cuando la Ilustración aportó nuevas ideas sobre el autogobierno y las libertades personales. Importantes pensadores británicos y franceses desafiaron el *statu quo* absolutista con sus escritos, afirmando los principios fundamentales del liberalismo sobre los que acabaría fundándose el mundo occidental moderno.

Estas ideas liberales se manifestaron en una serie de crisis experimentadas por algunos de los imperios europeos más poderosos, que desembocaron en el estallido de la guerra de independencia de las Trece Colonias contra Gran Bretaña en 1776. Los revolucionarios derrotaron a las fuerzas británicas y fundaron los Estados Unidos de América, que supusieron una amenaza para los designios imperiales de los europeos. Además, la Revolución francesa, que comenzó en 1789, supuso un importante cambio de paradigma en Europa. Con el rey francés Luis XVI derrocado, los revolucionarios proclamaron una república y aplicaron medidas radicales que amenazaron a otras monarquías del continente.

De la mano de estos desarrollos políticos se produjeron cambios socioeconómicos. La Revolución Industrial inauguró una era de desarrollo económico inédita gracias a la invención de nueva maquinaria y al uso de nuevas fuentes de energía para hacer el trabajo. El desarrollo de fábricas locales impulsó la productividad de la industria y la manufactura europeas, dando lugar a mayores niveles de urbanización que repercutieron positivamente en el desarrollo económico.

Los acontecimientos de mediados y finales del siglo XVIII y las ideas en las que se basaban tenían su fundamento en los avances de la ciencia y la filosofía durante el Renacimiento, que también había dado el pistoletazo de salida a la Era de los Descubrimientos que había convertido a ciertas potencias europeas en dueñas del Nuevo Mundo. Ahora, sin embargo, esas mismas ideas, más desarrolladas (y, en algunos casos, radicalizadas), suponían una amenaza para esas mismas posesiones coloniales.

En el siempre cambiante mundo occidental, Portugal era un claro perdedor. Comparado con Francia y, sobre todo, con Gran Bretaña —que había encabezado la Revolución Industrial y obtenido una ventaja en el desarrollo económico—, Portugal estaba muy rezagado.

Los británicos, que se estaban industrializando rápidamente y adoptando nuevas políticas económicas para garantizar un mayor crecimiento de sus mercados interior y exterior, intentaron explotar la debilidad de las posesiones coloniales de Portugal y España. También empezaron a abandonar sus antiguas prácticas mercantilistas y comenzaron a practicar el libre comercio. Incluso después de haber perdido sus posesiones en Norteamérica en la guerra de Independencia de los Estados Unidos, los británicos se perfilaban poco a poco como la nueva potencia hegemónica del mundo. Su sistema político relativamente estable les permitió dominar a sus rivales en ultramar. Cada vez participaban más en las actividades económicas de otras colonias europeas, que aún seguían los principios de exclusividad que ponían en desventaja a los comerciantes locales. Los británicos negociaban a menudo en secreto con los comerciantes extranjeros para acceder a sus mercados, fomentando el contrabando y otras actividades ilegales que perjudicaban los ingresos coloniales de España y Portugal.

Los portugueses, por su parte, intentaron seguir el ritmo del mundo que se modernizaba rápidamente, aunque se resistían a abandonar por completo el Antiguo Régimen. Aunque empezaron a tomar medidas para rivalizar con los británicos con las reformas emprendidas durante el reinado de José I, llegaron demasiado tarde. A finales del siglo XVIII, las minas de oro de Brasil empezaban a agotarse y la aparición de otros grandes fabricantes de azúcar provocó una crisis económica en la colonia. Mientras tanto, en Portugal, Lisboa había sido destruida casi por completo por un gran terremoto en 1755, y los fondos se destinaron a la reconstrucción de la capital. En Sudamérica, los exploradores portugueses se enfrentaban cada vez más frecuentemente a los españoles por los territorios del sur, lo que supuso un nuevo gasto para el reino.

Como respuesta, la Corona intentó centralizar aún más su dominio sobre las colonias y obtener un control más firme sobre su producción económica. Por ejemplo, como hemos mencionado, la Corona decidió expulsar a los jesuitas de Brasil en 1759. Las posesiones de la orden religiosa fueron confiscadas e incautadas por completo o redistribuidas. También se crearon fábricas en las zonas urbanas de Brasil para incentivar la producción local y no depender completamente de las materias primas como principal fuente de ingresos de la economía brasileña. Portugal también fomentó los esfuerzos para integrar aún más a la población indígena en la sociedad colonial, dominada políticamente por colonos blancos y mestizos. Con este fin, la Corona abolió la esclavitud indígena en 1757, como ya se ha mencionado antes.

Sin embargo, estas medidas no fueron suficientes para cambiar significativamente el panorama socioeconómico de Brasil, donde muchos empezaron a culpar de sus problemas a sus señores coloniales. Los brasileños observaron de cerca los acontecimientos en otras colonias europeas, especialmente en Estados Unidos, que fue un ejemplo de resistencia exitosa contra los poderes coloniales y de afirmación del derecho al autogobierno. Las ideas liberales motivaron a grupos a organizar movimientos conspirativos locales en diferentes regiones de Brasil. Aunque estos movimientos sentaron las bases de una conciencia nacional que más tarde desembocó en la independencia brasileña, no contaron con un amplio apoyo en la colonia. Las clases dominantes del Brasil colonial, incluidos los ricos terratenientes y comerciantes, apoyaban en gran medida el mantenimiento del *statu quo* de desigualdad social, aunque también creían que la independencia de Portugal podría aumentar enormemente sus ganancias personales.

De las conspiraciones de finales del siglo XVIII en Brasil, la Inconfidência Mineira es la que más destaca. Sus líderes, los *inconfidentes*, eran miembros de la élite de Minas Gerais e incluían a varios ricos terratenientes, militares y funcionarios del gobierno colonial, abogados y hombres de negocios que tenían vínculos tanto con el régimen colonial de Brasil como con Europa. Influidos por las destacadas ideas liberales de la época, reconocieron el decadente estado social de su región, plagada de crisis económicas y corrupción. Su objetivo era derrocar al gobierno colonial y organizar una república constitucional, siguiendo el modelo de Estados Unidos. Los separatistas apoyaban la abolición de la esclavitud en Brasil y la posterior creación de una sociedad igualitaria e independiente.

Los inconfidentes de Carlos Oswald [4]

A pesar de desarrollar planes ya en 1788, los *inconfidentes* nunca fueron capaces de actuar y su conspiración fue pronto descubierta. Encarcelados y juzgados durante los dos años siguientes, fueron condenados a morir en la horca en 1792. El cuerpo de uno de sus miembros, un oficial militar de bajo rango llamado Joaquim José da Silva Xavier —más conocido por su apodo *Tiradentes*, o «Sacamuelas»— fue cortado en pedazos tras la ejecución, y su cabeza se expuso públicamente en la plaza de la ciudad de Ouro Preto. Aunque la Inconfidência Mineira no se materializó en ninguna victoria de los brasileños locales contra los colonizadores portugueses, la importancia simbólica del movimiento permaneció en la conciencia de los colonos. Con el tiempo, Tiradentes, que había reivindicado la responsabilidad de liderar la insurrección, a pesar de desempeñar un papel relativamente pequeño en ella, se convirtió en un héroe nacional del Brasil independiente. Como mártir que murió por la libertad, aún pervive en la memoria de los brasileños.

Monarquía en Brasil

El comienzo del siglo XIX trajo otro desarrollo único, influido por las circunstancias en Europa, que afectó enormemente al futuro de Brasil. Surgido como emperador de Francia tras el caos de la Revolución francesa, Napoleón Bonaparte emprendió una guerra contra la mayor parte de Europa en la primera década del siglo XIX. El éxito de los franceses en las primeras fases de las guerras napoleónicas había desembocado en el dominio total de Europa Occidental y en el embargo económico de Gran Bretaña, el principal adversario de Napoleón y la única potencia a la que no pudo derrotar de forma decisiva. El Sistema Continental, establecido en 1806, prohibía a cualquiera de los Estados europeos clientes de Francia comerciar con los británicos. El sistema fue aplicado por los franceses, aunque algunos países, como Rusia, seguían practicando secretamente el comercio con Gran Bretaña.

Otra excepción al bloqueo fue Portugal, que hasta entonces había permanecido neutral en las guerras contra Francia y se había aliado defensivamente con los británicos. Creyendo que el comercio entre británicos y portugueses ponía en peligro sus objetivos en Europa, el general francés decidió invadir Portugal a través de su Estado cliente de España en noviembre de 1807.

Portugal no estaba preparado para una guerra total contra los franceses, y no solo por la superioridad de las veteranas fuerzas francesas. La Corona también se encontraba entonces en una crisis política. La reina en ejercicio, María I, que había sufrido la muerte de su marido, Pedro III, y de su hijo y heredero al trono, el príncipe José, había desarrollado problemas con su estado mental y no podía gobernar eficazmente el reino. En su lugar, el gobierno había sido asumido por su hijo menor, el príncipe João, que se convertiría en João VI de Portugal en 1816, tras la muerte de su madre.

Actuando como regente en el periodo más crítico del trono, el joven príncipe sabía que no podía oponer resistencia a la maquinaria bélica francesa de Napoleón. En cambio, tomó la interesante decisión de huir de Portugal a Brasil.

João VI de Portugal[5]

Al enterarse de la invasión francesa, João, escoltado por la Armada británica, decidió trasladar la corte real a Río de Janeiro, dejando el reino en Europa libre para la toma de Napoleón. A finales de noviembre de 1807, el joven príncipe, acompañado por unas 15.000 personas, entre burócratas y funcionarios del Estado, miembros de la familia real, jueces, nobles, importantes figuras religiosas y oficiales del ejército y la marina, zarpó rumbo a Sudamérica.

En un movimiento que conmocionó a la población portuguesa, el príncipe se apoderó de todo lo que consideraba valioso para el funcionamiento de la Corona con el fin de negar a los franceses el control sobre los aparatos de gobierno portugueses. Esto incluía el tesoro real, las imprentas y los archivos reales. La gente tenía razón al pensar que su soberano los había abandonado, huyendo cobardemente de un enfrentamiento con las fuerzas de Napoleón. João y su corte habían intentado decir a sus súbditos que mantuvieran la calma y no se resistieran a los invasores, afirmando que la familia real regresaría algún día, aunque esto sirvió de poco para disuadir el pánico.

El viaje a Brasil fue largo y tenue. El hacinamiento en los barcos fue un gran problema, causando escasez de suministros y malas condiciones sanitarias que provocaron el brote de varias enfermedades y muchas muertes. Los barcos también sufrieron las tormentas en el Atlántico que separaron partes de la armada y crearon problemas de organización. Finalmente, João y la mayoría de los barcos llegaron a Salvador, en lugar de a Río, destino al que fueron trasladados la madre del príncipe y otros miembros de la familia real. La razón del cambio de destino no está clara, aunque probablemente se hizo para reafirmar la importancia política de la antigua capital. Sin embargo, su corte solo permaneció brevemente en Salvador, continuando el viaje a Río en aproximadamente un mes e iniciando una nueva era en la historia de Brasil.

El traslado de la monarquia a Brasil constituyó un caso único en la historia de la colonización europea y fue seguido de importantes acontecimientos sociales y políticos en Río y en otros lugares. Había que abordar muchos problemas en Brasil, algunos de ellos introducidos por los miles de nuevos inmigrantes y otros enraizados en el desarrollo histórico de la colonia. Una de las primeras medidas de la administración del príncipe João fue abrir los puertos brasileños a los barcos extranjeros, un decreto que pretendía normalizar las relaciones comerciales con Gran Bretaña.

La situación que se vivía en Brasil impulsó a la administración del príncipe a adoptar otros cambios significativos dirigidos a impulsar la economía brasileña. La Corona comenzó a apoyar la economía brasileña, invirtiendo directamente en la creación de fábricas para impulsar la manufactura local y concediendo subvenciones a diferentes industrias. Muchos aranceles, parte del antiguo sistema mercantilista, fueron abolidos para fomentar el comercio nacional e internacional.

Aunque estos cambios trajeron mejoras positivas a Brasil, los británicos fueron los más beneficiados, económicamente hablando. Los decretos de João legalizaron esencialmente el comercio con los mercaderes británicos, que habían practicado el contrabando en los puertos brasileños durante muchas décadas. El destino de Portugal como reino independiente en Europa dependía en gran medida de Gran Bretaña y de su guerra contra los franceses, una realidad que daba a los británicos mucha influencia política. Una parte de la Marina Real británica también defendía la costa de Brasil en caso de invasión extranjera, ya que la Corona portuguesa no disponía de recursos para reunir una armada competente. Los británicos utilizaron esta influencia para llegar a acuerdos aún más provechosos con los portugueses en Brasil, garantizando ventajas para los productos británicos que llegaban a los puertos brasileños.

Por otra parte, pronto quedó claro para muchos brasileños que la residencia de la corte real en Brasil no significaba precisamente prosperidad. La Corona seguía actuando en su propio interés y desatendiendo en gran medida las demandas de la población local. Como se había perdido el control efectivo sobre los territorios europeos, los brasileños estaban ahora sobrecargados de impuestos. Y, como ya se ha mencionado, la liberación de las restricciones comerciales no alivió la nueva carga fiscal. Además, algunas de las medidas tomadas por el príncipe João provocaron una mayor inestabilidad. Organizó varias expediciones militares al sur con la esperanza de hacerse con el control de la Banda Oriental en el Río de la Plata, donde los portugueses habían disputado a los españoles sus reivindicaciones durante más de un siglo.

Este descontento con el nuevo régimen tuvo su mejor manifestación en la rebelión de Pernambuco de 1817, durante la cual toda la provincia nororiental se rebeló contra el recién coronado João VI. Los rebeldes culparon al rey de favorecer no solo a los portugueses de su reino frente a los locales, sino también a los brasileños del sur frente a los del norte. Una fuerte identidad regional había sido un elemento básico de Pernambuco, y no es de extrañar que el movimiento contra la Corona en 1817 fuera muy heterogéneo, con la mayoría de los sectores de la sociedad pernambucana participando en la revuelta. Partiendo de la ciudad de Recife, la revuelta acabó extendiéndose a otras partes de Brasil, convirtiéndose en la primera amenaza significativa para la seguridad de João desde su llegada a Brasil. Sin embargo, la diversa composición de la rebelión también significó que los diferentes grupos se habían unido al movimiento para perseguir sus propios fines, desestabilizando todo el esfuerzo. Así pues, las fuerzas reales sofocaron la rebelión en mayo y ejecutaron a sus líderes en Recife.

De una colonia a un imperio

Para entonces, las guerras napoleónicas habían concluido con la derrota de los franceses y se había restablecido el *statu quo* anterior en Europa. Los vencedores impulsaron el fortalecimiento de las monarquías conservadoras en el continente. Esto significaba que João y su corte podrían regresar a Portugal y gobernar la colonia desde allí. Sin embargo, João decidió quedarse en Brasil, optando por convertir la antigua colonia en un reino hermanado con su antigua madre patria colonial. Lo que resultó fue el Reino de Portugal, Brasil y los Algarbes, una unión en la que los territorios de ultramar de Portugal tenían al menos nominalmente el mismo estatus.

Sin embargo, el nuevo reino duró poco. La decisión de João de permanecer en Brasil con su corte había parecido extraña a los portugueses de Europa, y lo mismo ocurrió con la proclamación de una nueva unión con Brasil y los Algarbes. En 1820, un levantamiento militar en la ciudad de Oporto dio lugar al estallido de una revolución liberal en Portugal, en la que los revolucionarios establecieron un gobierno de junta y gobernaron en nombre del rey. El objetivo de la revolución, inspirada en las ideas liberales de la Ilustración, era hacer frente a la ambigüedad existente en Portugal con la ausencia del rey y de otras entidades gubernamentales.

Aunque los revolucionarios estaban en contra de la institución de la monarquía absoluta, la naturaleza de la revolución no era totalmente «liberal», ya que apoyaban el control de Portugal sobre sus territorios de ultramar. Esto era característico de otros movimientos liberales de la misma época. Durante la revolución haitiana de unas décadas antes, por ejemplo, muchos liberales franceses habían abogado para que el ejército francés sofocara la rebelión y retomara el control sobre Haití, isla que proporcionaba a la Francia continental valiosos recursos y era un motor de su economía. Los revolucionarios portugueses pensaban mayoritariamente de la misma manera en 1820.

Los revolucionarios también decidieron convocar la convención y la reforma de las Cortes. Las Cortes eran una antigua asamblea portuguesa en la que representantes de la nobleza, el clero y la burguesía de las diferentes provincias de Portugal se reunían a veces a petición del rey para ayudarlo en asuntos cruciales. Era similar a los Estados Generales de Francia, una institución en la que las disputas entre los diferentes grupos sociales habían desencadenado la Revolución francesa en 1789. La principal exigencia de los revolucionarios era que el rey regresara a Portugal y que las Cortes se convirtieran en la institución suprema, con representantes de todos los territorios bajo control de Portugal. El objetivo era redactar una constitución y reformar el país de acuerdo con las creencias liberales, aunque todavía no estaba todo establecido.

João, considerando su plan de acción tras conocer las noticias de Europa, se enfrentó entretanto a una rebelión local en las fuerzas armadas que alimentó un descontento masivo en las zonas urbanas de

Brasil. Finalmente, aunque el rey temía que el regreso a Lisboa pusiera fin a su gobierno, se vio obligado a acceder a las exigencias de los rebeldes, embarcando hacia Portugal en abril de 1821, con la corte real acompañándolo. Instaló a su hijo, el príncipe Pedro, como regente de Brasil para gobernar en su lugar.

Mientras tanto, las Cortes se reunían en Portugal para discutir el destino del reino y de sus territorios de ultramar. Durante sus asambleas a lo largo del año, los miembros portugueses de las Cortes denunciaron repetidamente cualquier idea de autogobierno brasileño y trataron con condescendencia a los brasileños, a los que veían como subordinados al dominio portugués. En un interesante giro de los acontecimientos, los representantes se pronunciaron a favor de integrar las provincias brasileñas directamente bajo la jurisdicción de Portugal, lo que esencialmente degradó el estatus de Brasil de nuevo a colonia de ultramar de Portugal. Los representantes también hicieron regresar a Lisboa a muchos de los oficiales portugueses de alto rango que habían permanecido en Brasil y exigieron lo mismo también al príncipe Pedro.

La presión aumentó sobre el joven príncipe, ya que una facción liberal brasileña muy destacada abogaba por la ruptura con Portugal. También contaban con el apoyo de varios funcionarios portugueses residentes en Brasil en aquella época, que organizaron una petición para convencer al príncipe de que desobedeciera las órdenes de las Cortes. Entre los principales liberales brasileños se encontraba José Bonifácio de Andrada, que desempeñaría un papel relevante en los acontecimientos de los años siguientes.

Finalmente, el 9 de enero de 1822, el príncipe Pedro tomó la decisión de quedarse en Brasil y desafiar las exigencias de los revolucionarios portugueses. El acontecimiento se conoció como el *Dia do Fico*, o «Día de me quedo» y marcó un importante punto de inflexión en la historia de Brasil. Pronto se corrió la voz de su decisión crucial. Prácticamente todo Brasil apoyó al joven príncipe, aunque algunos intentaron organizar un golpe de Estado para acabar con los designios de Pedro de convertir Brasil en un Estado autónomo. Un contingente de tropas portuguesas que permanecía en Brasil, dirigido por el oficial Jorge Avillez, organizó una rápida rebelión. Los rebeldes se vieron rápidamente superados en número. Pedro, en lugar de castigar a los soldados, les ofreció la oportunidad de zarpar hacia Portugal. Algunos que juraron lealtad al nuevo gobernante de Brasil decidieron quedarse y pasaron a formar parte del nuevo ejército que se estaba organizando, con José Bonifácio de Andrada como líder.

Las cosas se movieron rápidamente durante los meses siguientes. Como solía ocurrir entre los revolucionarios liberales de la época, surgieron distintas facciones que vislumbraban futuros bastante diferentes para Brasil antes de que Pedro pudiera consolidar su posición y declarar oficialmente la independencia. El ala conservadora de los brasileños, incluido Bonifácio, creía que Brasil debía organizarse en una monarquía constitucional con un gobierno elegido, pero con derechos de voto limitados a ciertos grupos de la sociedad brasileña. Los liberales más radicales preferían el sufragio universal, y algunos incluso esperaban abolir la monarquía o limitar los poderes del monarca, aunque la mayoría reconocía que este último escenario no era tan probable.

Las Cortes portuguesas, al enterarse de los acontecimientos que habían tenido lugar en Brasil, enviaron un mensaje de rechazo a las acciones del príncipe y lo instaron a regresar de nuevo a Lisboa. Cuando las noticias de las exigencias de las Cortes llegaron a Pedro, que se encontraba cerca del río Ipiranga, viajando hacia São Paulo, pronunció estas famosas palabras a sus compañeros: «*¡Independência ou Morte!*» («¡Independencia o muerte!»). El 1 de diciembre de 1822 sería proclamado primer emperador de Brasil como Pedro I.

El primer reinado

A partir de finales de 1822, las cosas se movieron muy deprisa en el recién independizado Imperio de Brasil. La decisión de Pedro I de proclamar la independencia de Portugal fue recibida, naturalmente, con mucha resistencia. Lisboa intentó preparar una respuesta adecuada para lo que consideraba una traición del príncipe real. Debido a las marcadas diferencias e identidades regionales, no hubo consenso entre las distintas provincias de Brasil. Algunas, especialmente en el norte, declararon su apoyo a Portugal. Sin embargo, la antigua potencia colonial poco podía hacer para obligar a los brasileños a volver a la subordinación. Las Cortes portuguesas no estaban en condiciones de enviar una gran fuerza a Sudamérica y solo podían confiar en los focos de resistencia que quedaban en algunas partes de Brasil para hacerse con el control de la colonia.

Pedro construyó rápidamente un ejército brasileño local, y muchos de sus partidarios empezaron incluso a organizar milicias locales para plantar cara a los que se resistían. También se liberó a muchos esclavos a cambio de su reclutamiento en el ejército, lo que dio lugar al impresionante crecimiento de las fuerzas brasileñas a principios de 1823. Lo que siguió fue una breve guerra de independencia durante la cual las tropas portuguesas que quedaban en Brasil lucharon por separado contra las fuerzas brasileñas leales a Pedro.

Al principio, las fuerzas portuguesas tomaron el control de algunas de las principales ciudades brasileñas, como Salvador y Recife. Sin embargo, pronto se vieron obligadas a rendirse, superadas en número por los brasileños. Los brasileños dominaron a los portugueses en los mares, y muchos portugueses cambiaron de bando y declararon su lealtad a Pedro y a su causa. La mayoría de las fuerzas portuguesas fueron derrotadas o huyeron por mar a finales de 1823, y la guerra había terminado en gran parte.

Lo que siguió fueron meses de dilaciones por parte del gobierno portugués. No queriendo renunciar a sus esperanzas de mantener el control sobre Brasil, intentó negociar con grupos de interés locales y actores internacionales. Pero, para 1824, Pedro había consolidado su posición en el recién independizado Brasil. Además, algunas potencias extranjeras, sobre todo Estados Unidos, reconocieron la independencia brasileña, lo que redujo las bazas de negociación de que disponía Lisboa. Gran Bretaña también apoyó un Brasil independiente, viéndolo como una solución viable para la protección de sus intereses comerciales en Sudamérica. Gran Bretaña no reconoció formalmente la independencia de Brasil porque exigía que Brasil pusiera fin a su participación en el comercio de esclavos. Sin embargo, esta no era una opción inmediata, ya que la economía del país dependía en gran medida de la mano de obra esclava.

Con el golpe de Estado del verano de 1823, João VI recuperó el poder absoluto en Portugal, complicando aún más la situación política. Finalmente, Lisboa accedió a reconocer la independencia de Brasil tras extensas negociaciones y la mediación de Gran Bretaña. En agosto de 1825, Brasil aceptó pagar a Portugal la cuantiosa suma de dos millones de libras esterlinas como reparación por los daños económicos infligidos a Lisboa con la pérdida de la colonia a cambio del reconocimiento. Pedro no disponía en aquel momento de esta cantidad tan elevada de capital, por lo que la administración del emperador se vio obligada a pedir prestada la suma a los bancos británicos. A pesar de los términos desfavorables, el emperador brasileño sabía que tenía que obtener el reconocimiento de Portugal si quería que otras naciones europeas reconocieran formalmente a un Brasil independiente y normalizaran sus relaciones.

En el plano interno, la principal preocupación política del Brasil recién independizado era la cuestión de cómo organizaría el nuevo gobierno. En mayo de 1823, los miembros de la nueva asamblea constituyente se reunieron por primera vez para trabajar en la constitución del país y definir los poderes y competencias judiciales, legislativos y ejecutivos. Las extensas negociaciones y maniobras políticas duraron cerca de un año hasta que se aprobó la primera constitución en marzo de 1824.

Para su época, era un documento bastante liberal y también bastante único. Comparado con otros países latinoamericanos que se habían independizado recientemente de España, Brasil era el único con un sistema monárquico. Esto significaba que, al principio, había preocupaciones sobre el estatus y el papel del emperador, así como el alcance de sus poderes en relación con el sistema parlamentario que los reformadores liberales deseaban introducir. También había dudas sobre el estatus de la nobleza y

Pedro I de Brasil[6]

otras instituciones del Antiguo Régimen, como el papel de la Iglesia católica.

La constitución que finalmente se adoptó y ratificó se mantendría en vigor con pocas modificaciones hasta el final del Imperio brasileño. Estuvo influida por otros documentos similares de la época. La Constitución de 1824 garantizaba las libertades individuales fundamentales de pensamiento y reunión, la igualdad de todos los ciudadanos ante la ley y las libertades religiosas (aunque el catolicismo romano pasó a ser la religión oficial y las demás religiones solo podían practicarse en privado).

Políticamente, instituyó una monarquía constitucional en la que el poder legislativo —formado por la Cámara de Diputados y el Senado— debía elegirse mediante votación indirecta y restringida. El derecho de voto no se extendió a toda la población de Brasil y debían cumplirse ciertos requisitos económicos para presentarse a las elecciones y poder votar. Solo los hombres con unos ingresos de al menos 100 milréis podían votar, pero no elegían directamente a sus candidatos. Por otro lado, solo los hombres católicos con unos ingresos anuales de al menos 400 milréis podían presentarse como diputados a la cámara baja. Se elegían tres candidatos como representantes de cada provincia en el Senado, y el emperador tenía la última palabra sobre quién se convertiría en senador, un cargo que era vitalicio.

Los electores votaban a un colegio electoral, que a su vez elegía a los diputados. Administrativamente, el sistema de provincias se mantuvo en su mayor parte intacto, pero el emperador podía elegir a los presidentes individuales que gobernaban cada provincia. También se introdujo un Consejo de Estado especial, compuesto por consejeros mayores de cuarenta años con más de 800 milréis de ingresos que servían de por vida y eran nombrados por el emperador. La función del Consejo era asesorar al emperador en momentos críticos, aunque el Consejo en sí no tenía poderes ejecutivos ni legislativos. Además de los poderes mencionados, el emperador podía disolver la Cámara de Diputados y tenía la última palabra sobre las leyes aprobadas por el parlamento, con derecho a vetar cualquier decisión de cualquiera de los dos órganos.

En general, el sistema social y político del Imperio de Brasil era muy distinto del de otras antiguas colonias que se habían independizado por la misma época, e incluso de algunos de los sistemas implantados en Europa. Era una monarquía constitucional bastante conservadora, con el voto restringido a una porción claramente definida de la población que gozaba de una mejor posición económica, lo que contribuía a una mayor desigualdad en el imperio a largo plazo. El emperador tenía amplios derechos y considerables poderes ejecutivos, capaz de influir en la composición y el funcionamiento de algunas de las instituciones más importantes.

Los primeros años inmediatamente posteriores a la independencia estuvieron marcados por mucha inestabilidad y conflictos. Hubo otra rebelión en las provincias del norte, originada en Pernambuco, que se extendió rápidamente por la mayor parte del norte de Brasil en julio de 1824. El principal líder de la insurrección fue Frei Caneca (Fray Taza, el clérigo había vendido tazas durante su infancia), que incitó a los rebeldes contra el sistema fuertemente centralizado instaurado por la Constitución de 1824. Los insurrectos, formados en su mayoría por ricos terratenientes y hombres de negocios del nordeste, anunciaron la formación de un estado independiente llamado Confederación del Ecuador, que incluiría Pernambuco, Paraíba y Ceará.

Sin embargo, la confederación duró poco. Las fuerzas imperiales sometieron a los rebeldes en noviembre, ejecutando a los líderes. Aunque la rebelión no tuvo éxito, la fuerte identidad regional de Pernambuco y otros territorios del nordeste de Brasil se había manifestado una vez más, y los sentimientos revolucionarios no se apagarían inmediatamente después de 1824.

Otra rebelión en el sur de Brasil acabó forzando al nuevo imperio a un conflicto con las Provincias Unidas del Río de la Plata por la provincia de Cisplatina. El conflicto por el control de esta tierra había caracterizado durante mucho tiempo las relaciones hispano-portuguesas, y acabaría en una completa derrota militar de los brasileños en agosto de 1828. El ejército brasileño estaba desorganizado y era débil en comparación con las fuerzas argentinas, compuestas por brasileños reclutados a la fuerza y muchos mercenarios extranjeros. Ambos bandos sufrieron duramente el conflicto que duró más de dos años. Finalmente, se firmó un tratado de paz gracias a la mediación británica y surgió la nueva nación independiente de Uruguay.

Estos conflictos pusieron de manifiesto algunos de los problemas de la economía brasileña, que recibió un duro golpe que desembocó en una crisis financiera en toda regla. El Banco de Brasil, inaugurado en 1808 con la llegada de João VI, se vio obligado a cerrar en 1829, al agotarse por completo sus reservas de oro. La moneda brasileña se devaluó para luchar contra la inflación, pero fue en vano. El papel moneda que se emitía solo tenía valor en Río de Janeiro, mientras que otros grandes centros urbanos lo aceptaban a un valor inferior, lo que provocó que su valor cayera aún más en relación con monedas internacionales como la libra esterlina. Esto, a su vez, causó problemas para pagar a los funcionarios y a los militares, cada vez más críticos con el régimen. Los sentimientos liberales contra el emperador iban en aumento en la segunda mitad de la década de 1820.

La crisis económica vino acompañada de una serie de acontecimientos que, combinados con los estragos de la guerra, provocaron una agitación social muy extendida en Brasil. Con la muerte de João VI de Portugal en 1826, el emperador Pedro era el siguiente en la línea de sucesión al trono. Existía una gran preocupación en Brasil por la posibilidad de que restableciera la unión con Portugal y abandonara Río para trasladarse a Lisboa. Pedro, sin embargo, abdicó del trono portugués en favor de su hija María. Como ella era demasiado joven en aquel momento para tomar el relevo, su hermano, Miguel, se convirtió en el rey. En la mente de los brasileños, esta decisión fue muy reveladora. Creían que su emperador debería haber renunciado de una vez por todas a sus vínculos con el trono portugués y haber establecido una nueva dinastía para Brasil. Aun así, esta decisión no habría podido revertir los problemas económicos y sociopolíticos que sufrían los brasileños.

Las tensiones existentes en la sociedad brasileña se intensificaron a partir de 1830, una vez más influidas por la cambiante situación en Europa, donde una revolución liberal en Francia condujo al establecimiento de la Monarquía de Julio. Los liberales de todo el mundo se sintieron inspirados para impulsar reformas, especialmente en sociedades tan desiguales como la brasileña, donde la mayoría de la población estaba excluida de derechos tan básicos como votar en las elecciones.

Los periódicos brasileños empezaron a publicar destacados manifiestos liberales y Río de Janeiro se vio envuelta en llamamientos a la destitución del emperador. A la agitación se sumaron las manifestaciones de apoyo de los monárquicos portugueses, que apoyaban la postura del emperador Pedro. Esto enfureció aún más a los liberales, que eran mayoría. En marzo de 1831, varios oficiales militares destacados se pusieron del lado de los liberales, que exigían reformas. Ante la creciente presión e incapaz de resolver la situación, Pedro I se vio obligado a abdicar en abril de 1831 en favor de su hijo, Pedro II. Sin que el pueblo de Brasil lo supiera, esta decisión conduciría a una de las épocas más turbulentas de la historia brasileña, conocida como el período de la regencia, que puso el futuro de la nación en manos inciertas.

Capítulo cuatro - Del Imperio a la República

La Regencia

El periodo de la regencia fue una de las décadas más turbulentas de la historia de Brasil. En retrospectiva, actuó como un periodo de transición desde la abdicación del emperador Pedro I en 1831, hasta la ascensión de su hijo, Pedro II (que solo tenía cinco años en 1831) en 1840. Durante este tiempo, Brasil fue gobernado por una sucesión de diferentes grupos de políticos que intentaron mantener el orden en medio de la incertidumbre y la crisis.

En última instancia, el periodo de regencia puso de manifiesto algunos de los problemas más arraigados de la esfera sociopolítica brasileña. Al quedarse sin la fuerza «supervisora» del emperador, que era una parte esencial del aún joven Estado brasileño, los políticos en el poder fueron víctimas de una serie de grupos de interés en conflicto que dejaron al imperio al borde del colapso. Brasil se enfrentaba a graves problemas internos, derivados de las antiguas diferencias entre sus clases sociales y sus identidades regionales. Se produjeron varias rebeliones importantes que se cobraron la vida de miles de personas en diferentes partes del imperio, ya que los regentes estaban desesperados por mantener su autoridad en ausencia del emperador.

La mayoría de las medidas aplicadas durante la regencia estaban destinadas a reformar aspectos considerables de la sociedad brasileña, con el objetivo primordial de reducir el poder centralizado. En junio de

1831, la Asamblea General Legislativa eligió a tres individuos como regentes en lo que comúnmente se conoce como la regencia triunviral. Los delegados fueron elegidos para actuar también como representantes de diferentes regiones y grupos de interés: José de Costa Carvalho, veterano político y fundador de uno de los periódicos más destacados de São Paulo, *O Farol Paulistano*; João Bráulio Muniz, de Maranhão, en representación de las regiones norte y noreste, y Francisco de Lima e Silva, militar de Río de Janeiro.

El «triunvirato» no tardó en ponerse manos a la obra, y uno de sus principales objetivos era limitar el alcance de los poderes moderadores del emperador. El poder moderador era una rama especial del poder esbozada por la Constitución de 1824, exclusiva de Brasil, y confería una influencia considerable en manos del emperador. Se utilizaba para referirse a las competencias especiales del emperador, como su derecho constitucional a nombrar y destituir libremente a los ministros, convocar la Asamblea General o disolver la Cámara de Diputados, vetar la legislación propuesta y conceder amnistías o indultos a los presos. En general, como su nombre indica, el emperador debía tomar decisiones de tanta importancia basándose en su criterio, ya que se lo consideraba un individuo que estaba por encima del Estado.

Con el Acta Adicional de 1834, la regencia propuso cambios en la Constitución que finalmente fueron aprobados por la Cámara de Diputados, de mayoría liberal, la cual había reclamado una mayor descentralización del poder. El Acta Adicional prohibió el uso del Poder Moderador y concedió a las provincias una mayor autonomía con las recién implantadas asambleas legislativas regionales, que sustituyeron a los anteriores Consejos Generales (*Conselhos Gerais*). Las asambleas tenían amplios derechos para presidir los asuntos judiciales y civiles locales sin implicar directamente al gobierno central. Podían recaudar impuestos, determinar sus presupuestos y, quizá lo más importante, nombrar a los funcionarios en los cargos locales.

El Acta Adicional también disolvió el Consejo de Estado (órgano consultivo exclusivo que podía ser convocado por el emperador), que los legisladores consideraban en gran medida inútil. Río de Janeiro también pasó a ser un municipio neutral, convirtiéndose en un distrito federal independiente, similar a Washington, D. C., en Estados Unidos. La influencia del federalismo estadounidense puede verse claramente en otras reformas adoptadas durante el periodo de la regencia, como los cambios aplicados al código de justicia penal en 1832. Estos cambios amplificaron la importancia del sistema de jurado para muchos casos judiciales, de forma similar al sistema de justicia estadounidense.

Otra reforma importante que precedió a la adopción del Acta Adicional fue la creación de la Guardia Nacional, una medida para reformar el desorganizado ejército brasileño, que acababa de sufrir una derrota. Aunque todavía contaba con muchos oficiales de origen portugués en los puestos más altos, los principales problemas del ejército eran los soldados rasos de los escalafones inferiores, que llevaban mucho tiempo quejándose de sueldos inadecuados y malas condiciones. La implantación de la Guardia Nacional pretendía disminuir la importancia del ejército imperial, controlado centralmente, donde existían la mayoría de los problemas. A partir de 1831, todos los varones de veintiún a sesenta años debían alistarse en regimientos regionales de la Guardia Nacional que, en esencia, otorgaban a las provincias el control sobre las milicias mejor organizadas. Una vez alistados, quedaban exentos del servicio militar obligatorio del ejército imperial. El principal objetivo de la reforma, influida por medidas similares adoptadas en Francia en aquella época, era animar a los ciudadanos locales a participar activamente en los asuntos militares.

En 1835 se celebraron elecciones para elegir al regente único que tomaría el relevo de la regencia triunviral que había gobernado Brasil desde 1831. Esto se había decidido con el Acta Adicional un año antes. El consenso desde el principio fue que el triunvirato no duraría hasta la llegada de Pedro II. Diogo Antônio Feijó, un liberal moderado, se convirtió en el nuevo regente. Anteriormente, había sido ministro de Justicia y había abogado por una mayor autoridad y descentralización.

Durante su mandato como único regente, Feijó contó con la oposición de los legisladores conservadores, muchos de los cuales querían que Pedro I volviera a ser emperador, así como de los «exaltados» liberales radicales, muchos de los cuales habían abogado por la abolición del imperio y el establecimiento de una república federal. Se suponía que Feijó debía de actuar como mediador entre los dos grupos e impulsar reformas liberales moderadas que mantuvieran el *statu quo* de la monarquía constitucional, aunque empezó a experimentar una oposición generalizada. Más importante aún, su mandato como regente estuvo plagado de inestabilidad provincial y del estallido de dos insurrecciones que durarían mucho más allá del periodo de regencia: la de Cabanagem en la provincia de Pará y la «guerra de los Farrapos» en Rio Grande do Sul, en el sur. Trataremos la naturaleza de estas rebeliones más adelante, pero debilitaron significativamente la posición de Feijó, que se enfrentó a duras críticas de sus rivales por no ser capaz de pacificar rápidamente a los rebeldes. Finalmente, en 1838, se vio obligado a dimitir. Se celebraron nuevas elecciones, que ganó el conservador Pedro de Araújo Lima, el último de los regentes del periodo transitorio.

La llegada de Pedro II

Incluso antes de 1835, la regencia había tenido problemas con varios casos de levantamientos armados en diferentes partes de Brasil. Aunque estas insurrecciones no tenían un programa común, todas eran manifestaciones de fuertes posiciones regionales contra el moderado *statu quo* liberal instaurado por la regencia triunviral.

Los levantamientos fueron provocados por un conjunto diverso de factores. Por ejemplo, la rebelión Cabanada, que estalló en Pernambuco en 1832, fue en gran medida un movimiento de las poblaciones rurales, que habían sufrido la crisis económica provocada por la caída de los precios del azúcar y el algodón. Estas personas, conocidas como los *cabanos*, formaban los escalones más bajos de la sociedad del norte y noreste de Brasil y abogaban por el regreso de Pedro I como emperador. Aunque fueron pacificados en 1835, los *cabanos*, unidos a los amerindios locales, a los esclavos y a la población mixta de la región, también se rebelaron en Belem, iniciando otro levantamiento conocido como el Cabanagem que duró hasta 1840. Entre las causas inmediatas de esta insurrección, que diezmó el norte de Brasil y a una quinta parte de la población de la provincia, estuvo el nombramiento por parte del gobierno central de un presidente provincial desfavorecido.

Salvador también se convirtió en centro de levantamientos populares, uno de los cuales fue la rebelión de los esclavos de 1835 conocida como la revuelta de Malê. Unos 600 *malês*, que constituían la minoría musulmana esclava de la ciudad, se sublevaron y provocaron el caos en Salvador. Las fuerzas gubernamentales reprimieron brutalmente a los esclavos en solo un día debido a la naturaleza desorganizada del levantamiento, lo que produjo respuestas encontradas por parte de los grupos sociopolíticos opuestos de Brasil. La revuelta de Malê de 1835 reavivó el debate sobre la práctica de la esclavitud en Brasil, que se convertiría en un tema destacado hasta los últimos años del Imperio brasileño. Varias otras revueltas de esclavos estallarían también en ciudades con grandes poblaciones de esclavos, como Río de Janeiro, aunque la mayoría fracasaron debido a la incoherencia de las acciones de los rebeldes.

También fue importante la insurrección conocida como la Sabinada (1837-1838), llamada así por uno de sus líderes, Francisco Sabino. La Sabinada obtuvo el apoyo de la clase media de Salvador, pero finalmente fue reprimida tras un asedio de las fuerzas imperiales que causó hasta 2.000 bajas. Además, los habitantes del estado de Maranhão, que se consideraban económicamente desfavorecidos por la crisis financiera en curso, se sublevaron en la revuelta de la Balaiada de 1838, apoyada por algunos liberales urbanos. Se hicieron con el control de la ciudad de Caxias y causaron una destrucción masiva durante los tres años siguientes antes de ser derrotados por las fuerzas imperiales en 1841.

En las tierras del sur de Rio Grande do Sul, los *farrapos locales*, o «la gente vestida con harapos», se sublevaron en 1835. La más duradera de las rebeliones del período de la regencia (hasta 1845), la revuelta Farroupilha también se conoce como la guerra de los Farrapos. Los líderes de este levantamiento eran en su mayoría ricos ganaderos que habían mantenido estrechas relaciones con los vecinos uruguayos desde la época colonial y protestaban por el aumento de los impuestos en su provincia. La rebelión, gracias al gran liderazgo de experimentados revolucionarios —como el comandante italiano exiliado y futuro líder de la unificación de Italia, Giuseppe Garibaldi— fue una espina clavada en el costado del gobierno brasileño. Pronto, influenciada por sus lazos argentinos y uruguayos, la revuelta se convirtió en un movimiento separatista, con los rebeldes proclamando la República Riograndense independiente de facto y defendiendo enérgicamente su posición durante el período de regencia.

En resumen, a pesar de los esfuerzos por resolver algunos de los problemas derivados de la centralización del Imperio brasileño, la regencia experimentó problemas generalizados que ejercieron mucha presión sobre el gobierno en funciones, especialmente en la segunda mitad de la década de 1830. Mientras tanto, el espectro político brasileño se consumía en una división más firme entre liberales y conservadores, que acabaría dando lugar a la creación de los dos principales partidos políticos del país.

Después de que el conservador Araujo Lima asumiera el cargo de regente, aprobó medidas «regresivas» para centralizar aún más el poder. Entre sus políticas regresionistas se encontraba el retroceso de algunos de los privilegios provinciales implantados por el Acta Adicional de 1834. Esto causó descontento entre los liberales, pero no cambió la situación general para mejor. A medida que las tensiones continuaban, las élites políticas empezaron a favorecer cada vez más el acceso al poder del todavía demasiado joven Pedro II, que entonces solo tenía catorce años.

La idea de rebajar la edad de acceso al trono había existido ya durante la primera etapa de la regencia. A pesar de la división entre liberales y conservadores, algo en lo que ambos bandos (excepto los defensores radicales del republicanismo) estaban de acuerdo era en la importancia del emperador. Las élites sabían que la regencia era una etapa transitoria hasta que el joven heredero al trono alcanzara la mayoría de edad, tras lo cual el sistema político brasileño se reanudaría tal y como se había esbozado en la Constitución de 1824. Los políticos respetaban al emperador y lo que el título representaba, reconociendo en gran medida que la monarquía era una parte indispensable de Brasil.

Así, mientras los dirigentes brasileños se esforzaban por hacer frente a las continuas crisis, decidieron depositar su confianza en la figura que creían que poseía la autoridad y el respeto suficientes para reconducir a Brasil hacia la estabilidad. La opción de que Pedro I regresara como emperador ya no estaba sobre la mesa, pues había fallecido en Portugal en 1834. La siguiente opción lógica era el joven Pedro II.

Curiosamente, fueron los liberales quienes presentaron la legislación que proponía rebajar la edad de acceso al trono, poniendo en marcha una activa campaña para convencer a los legisladores de que la aprobaran. Ambas cámaras acabaron convenciéndose. Una vez obtenida la aprobación del parlamento, Pedro II ascendió al trono de Brasil en julio de 1840.

El segundo reinado

En retrospectiva, quizá nadie podía esperar el alcance de la transformación de Brasil durante el mandato de Pedro II como emperador, que duró hasta 1889 y se conoce como el segundo reinado. Cuando ascendió al trono en 1840, el imperio de Pedro II, de catorce años de edad, atravesaba una grave crisis económica, altos niveles de desigualdad social y una rebelión continua en el sur. A lo largo de su reinado, Brasil emergió como la nación posiblemente más poderosa de Sudamérica, con una economía modernizada y un sistema social fundamentalmente transformado. Este período de 59 años trajo consigo una serie de desarrollos socioculturales que sentaron las bases de la vida brasileña durante el siglo XX. Lo más notable fue que los grupos sociales y políticos más destacados de Brasil, a pesar de sus muchas diferencias, se pusieron manos a la obra para resolver los problemas más acuciantes de Brasil y situaron a la nación en la senda del progreso a finales de siglo.

Los primeros años del reinado de Pedro II estuvieron marcados por las medidas «regresivas» iniciadas por los líderes conservadores antes de su llegada, que devolvieron un poder considerable a manos del monarca. Las élites políticas estaban en gran medida de acuerdo en que reforzar el poder del emperador era el primer paso hacia el progreso. Se devolvieron al emperador muchas de las competencias que le había conferido el Poder Moderador constitucional. Esto se equilibró con la implantación de un modelo parlamentario «inverso» en 1847, creando el cargo de presidente del Consejo de Ministros. El emperador elegiría al presidente, que actuaría esencialmente como jefe del Gobierno. Este cargo era algo así como el papel de un primer ministro en la mayoría de los sistemas parlamentarios. Según los cambios, el presidente del Consejo de Ministros elegiría a los ministros respectivos. El Consejo de Ministros ostentaba el poder ejecutivo, pero necesitaba la confianza tanto del emperador como de la Cámara de Diputados para funcionar.

Se trataba de una forma única de dividir las diferentes ramas del poder en Brasil, en la que el emperador gozaba de una posición privilegiada con su Poder Moderador, lo que hacía que el sistema brasileño no fuera plenamente «parlamentario» en el sentido moderno de la palabra. Curiosamente, este sistema hizo que la composición del gobierno se modificara constantemente y que el gabinete estuviera siempre compuesto por nuevos ministros. Esto dio lugar a más de treinta iteraciones diferentes del gobierno hasta 1889, y no se excluyó a los representantes de ninguno de los dos partidos políticos. La naturaleza rápidamente cambiante del gobierno brasileño permitió evitar frecuentes enfrentamientos sobre quién ostentaba realmente el poder. El sistema parecía equilibrado y se mantuvo en gran medida sin modificaciones.

Estos acontecimientos en la esfera política brasileña dieron lugar al afianzamiento de un sistema de partidos que se estabilizó en la década de 1870. Aún prevalecía la antigua división liberal-conservadora, aunque la nueva generación de políticos disfrutó de las ventajas de un sistema político más cohesionado en el que ambos partidos desarrollaron agendas y plataformas razonables. El emperador desempeñó el papel de árbitro neutral entre los dos bandos, que con razón se consideraban rivales.

El afianzamiento del sistema de partidos se manifestó en el pronunciado apoyo regional y social obtenido por los dos partidos a finales del segundo reinado. Los conservadores contaban con el apoyo mayoritario de los ricos terratenientes rurales y los comerciantes urbanos de las provincias de Pernambuco y Bahía, antiguos centros de la esfera política y económica brasileña. Abogaban por la protección de los intereses económicos regionales y por un gobierno central fuerte. Los liberales, por su parte, encontraron las principales bases de su apoyo en las provincias meridionales de São Paulo, Minas Gerais y Rio Grande do Sul.

Se introdujeron importantes mejoras en la estructura económica del país, incluidos cambios en los aranceles sobre las mercancías importadas. El arancel de Alves Branco, adoptado en 1844, aumentó enormemente los derechos de aduana sobre ciertos productos, algunos hasta el 30 % y otros hasta el 60 %. Miles de mercancías importadas se vieron afectadas, para consternación de los comerciantes extranjeros — principalmente los británicos, que mantenían en gran medida el monopolio en los mercados brasileños. El principal objetivo de la política era fomentar la producción nacional y los centros regionales locales de fabricación. En general, fue una medida acertada que, unida a otros cambios encaminados a la modernización, pretendía hacer a Brasil competitivo frente a las naciones occidentales en rápida industrialización del siglo XIX.

Mientras tanto, surgió un producto que definió la situación socioeconómica del Brasil de finales del siglo XIX: el café. Introducido en Brasil en la década de 1720 y plantado por primera vez en Río de Janeiro y sus alrededores en la década de 1760, el café se convirtió rápidamente en un pilar de la economía de exportación brasileña. El valle del Paraíba ofrecía un lugar excelente para cultivar café, convirtiéndose en un producto básico de la región, a pesar de las dificultades de su recolección. Dependiente de la mano de obra esclava, el crecimiento de la industria cafetera brasileña coincidió con la creciente demanda de café en los mercados europeos y norteamericanos. En 1890, el café representaba cerca del 60 % de la economía de exportación de Brasil.

Los plantadores de café acabaron acumulando un enorme poder en la sociedad brasileña, emergiendo como la «burguesía del café» y proporcionando la base para los posteriores desarrollos republicanos del país. La concentración de la producción de café en la región sur también tuvo como consecuencia la consolidación de esta parte de Brasil como centro socioeconómico del país. Poco después de la colonización, la región nordeste había sido la más importante porque era donde la producción de azúcar estaba más avanzada. Con el aumento de la preponderancia del café como principal producto de la economía brasileña, la parte sur del país arrebató definitivamente este título al noreste.

La cuestión de los esclavos cobró cada vez más importancia durante el segundo reinado. La esclavitud en sus diferentes formas había sido abolida en las sociedades europeas más avanzadas, que empezaban a abrazar los principios del liberalismo clásico. Gran Bretaña había sido una fuerza líder en el fin del comercio atlántico de esclavos, una práctica iniciada por los portugueses durante la época colonial, como recordará. Los británicos se otorgaron el derecho de inspeccionar cualquier barco en el Atlántico del que se sospechara que transportaba esclavos, lo que aceleró enormemente el fin del comercio de esclavos. A finales de la década de 1860, la última gran sociedad occidental —Estados Unidos— también había abolido la esclavitud.

En contraste con todos estos avances, la economía brasileña seguía dependiendo en gran medida de la esclavitud, y la mayoría de los esclavos trabajaban en las plantaciones de café del valle del Paraíba. Río de Janeiro también contaba con un número significativo de esclavos, que constituían aproximadamente el 40 % de la población.

Así, la cuestión de la esclavitud fue muy discutida entre los brasileños. Al convertirse el café en una parte central de la economía brasileña, muchos estaban en contra de la abolición de la esclavitud, que consideraban una amenaza económica. El emperador, por su parte, tenía tendencias abolicionistas. Había criticado públicamente la esclavitud en Brasil en varias ocasiones y era uno de los principales defensores de la reforma gradual en lugar de la abolición inmediata.

En 1850, la Cámara de Diputados adoptó y el Senado aprobó una ley que reconocía a los barcos que transportaban esclavos como participantes en la piratería. En ello influyó directamente una legislación británica similar, la Ley Aberdeen, que encarcelaba a los traficantes de esclavos en el Atlántico y los juzgaba en tribunales británicos. Las medidas adoptadas y la implicación británica más activa tuvieron como resultado el rápido declive y el final del tráfico de esclavos desde África hacia los puertos brasileños a finales de la década de 1850.

Una consecuencia lógica del fin de la trata de esclavos sería la abolición definitiva de esta práctica en Brasil. Una vez más, aunque todo el mundo (especialmente la élite política de ambos bandos) reconocía que la abolición era inevitable, había desacuerdos sobre cómo llevarla a cabo. La mayoría empezó a estar de acuerdo en que una abolición gradual era el camino a seguir. Un factor que desempeñó un papel decisivo en la decisión fue la inmigración de un gran número de europeos a Brasil a mediados del siglo XIX.

Los legisladores se dieron cuenta de que los inmigrantes que llegaban a Brasil en número creciente podían sustituir la mano de obra de los esclavos. Empezaron a trabajar en políticas para garantizar que los inmigrantes no se convirtieran ellos mismos en una clase económicamente dominante y compitieran con los terratenientes, que se verían privados de mano de obra esclava. Esto redundaba en beneficio del gobierno. Los ricos terratenientes eran, siendo realistas, la columna vertebral de la economía brasileña. Es cierto que la forma en que se habían enriquecido —dependiendo de la mano de obra esclava— era inmoral, pero había que hacer algo. La presión internacional iba en aumento y la opinión pública era consciente de las simpatías abolicionistas del emperador.

La Ley de Tierras, adoptada en 1850 poco después de la prohibición del comercio de esclavos, sirvió exactamente a este propósito. Su principal objetivo era legalizar las propiedades rurales de los terratenientes, la mayoría de los cuales habían adquirido tierras públicas mucho antes mediante subvenciones del gobierno. La ley obligaba a los terratenientes a registrar sus propiedades. Además, y lo que es más importante, la ley afirmaba que los inmigrantes no podían comprar tierras durante los tres años siguientes a su llegada a Brasil. Esto fue crucial para convencer a muchos de los terratenientes más ricos de que apoyaran la abolición. Como mínimo, sentó las bases para posteriores medidas abolicionistas.

El gobierno no quería que se detuvieran las tendencias económicas positivas que Brasil había experimentado en los últimos años. Miró a algunas de las naciones más desarrolladas en busca de inspiración y se fijó en un factor considerable que había impulsado la industrialización en lugares como Gran Bretaña y Estados Unidos. La respuesta obvia y fácil de aplicar residía en la modernización de las infraestructuras del país. La modernidad, en el siglo XIX, estaba asociada al ferrocarril, que facilitaba el transporte interregional e intrarregional de mercancías, mano de obra y militares. Así, se construyeron líneas ferroviarias por todo el país, que unían centros importantes como Recife con Salvador, en el noreste, y los puntos del interior de la producción cafetera del sur con Río de Janeiro. También se construyeron varias carreteras para mejorar el sistema general de transporte.

Muchos de los proyectos de infraestructuras fueron posibles gracias a las inversiones británicas, aunque un número significativo se financió con los ingresos obtenidos por el Estado a través del arancel de Alves Branco. Quizá el más importante de los primeros empresarios industriales de Brasil fue Irineu Evangelista de Souza, el vizconde de Mauá, cuyas inversiones contribuyeron al desarrollo de los sistemas infraestructurales y financieros del país.

Con grandes mejoras en la modernización y la industrialización, el gobierno tomó la decisión consciente de centrarse en atraer inmigrantes europeos como alternativa a los esclavos. Algo que explica esta decisión fueron los prejuicios de la mayoría de los brasileños blancos contra los esclavos africanos, influidos por las teorías darwinistas sociales del siglo XIX, que proporcionaban una justificación pseudocientífica al imperialismo europeo. Si se liberaba a los esclavos, los terratenientes no los considerarían como iguales y, como era el caso, continuaría la discriminación generalizada en sus entornos laborales.

Aun así, a principios de la década de 1850, algunos terratenientes habían experimentado con mano de obra inmigrante, como el senador Nicolau Vergueiro, que primero llevó a sus cafetales a agricultores inmigrantes suizos y alemanes. Sin embargo, los europeos recién llegados fueron objeto de explotación y de duras condiciones de trabajo, a las que no estaban acostumbrados en Europa. Pronto expresaron su descontento y abandonaron las fincas de Vergueiro.

No fue hasta la década de 1870 cuando el gobierno comenzó a fomentar activamente la inmigración de trabajadores extranjeros. Esto se debió a que la afluencia de nuevos esclavos procedentes de África se había detenido casi por completo y los esclavos que permanecían en las plantaciones envejecían rápidamente, lo que afectaba a la producción de café. El gobierno discutió las posibles políticas con los terratenientes y aprobó leyes que ayudaban a los extranjeros a integrarse mejor en Brasil, por ejemplo subvencionando su paso al país. São Paulo se convirtió en el centro de la inmigración europea, con más de 10.000 inmigrantes registrados que se trasladaron legalmente a la ciudad en 1880.

Muchos europeos seguían considerando que las condiciones que ofrecía Brasil eran muy difíciles de adaptar, y difundían noticias desfavorables de la situación en sus países de origen. El gobierno brasileño combatió esta situación publicando panfletos de propaganda en sociedades europeas como Italia y Alemania, que estaban experimentando cambios socioeconómicos masivos. En estos panfletos, se anunciaban las oportunidades de Brasil en contraste con otros destinos importantes para los inmigrantes, como Estados Unidos. Se dirigieron especialmente a los italianos, ya que el país había completado su unificación política en la década de 1870, acelerando la industrialización y pasando a una economía capitalista. Esto había dejado en desventaja a muchas de las clases más pobres, con más incentivos para buscar nuevas oportunidades en el extranjero.

Así, en la última década del Imperio brasileño, las cifras de inmigración comenzaron a aumentar drásticamente, alcanzando su punto álgido durante las primeras décadas del siglo XX. En 1888, São Paulo albergaba hasta 100.000 inmigrantes, la gran mayoría italianos.

Mientras tanto, los abolicionistas empezaron a cobrar importancia en los centros urbanos de Brasil, fundando diferentes grupos en los que discutían el futuro de la sociedad brasileña. Estos grupos difundieron panfletos y manifiestos por todo Brasil, convenciendo a gran parte de la población de que había que abandonar definitivamente la esclavitud.

Con la población esclava reduciéndose rápidamente a solo un 5 % de la población de Brasil a finales de la década de 1880, se reavivó el debate sobre la esclavitud. Para entonces, las políticas de atracción de inmigrantes también habían demostrado su éxito. Los legisladores brasileños empezaron a trabajar en el tema en la primavera de 1888. Estaban motivados por la princesa Isabel, hija de Pedro II, que pronunció un poderoso discurso en el que demostraba el atraso de la esclavitud y su incompatibilidad con la sociedad moderna a la que aspiraba Brasil. En mayo de 1888, se redactó un proyecto de ley sobre la abolición de la esclavitud, conocido como la Ley Áurea (Ley Dorada), que fue aprobado rápidamente con el apoyo abrumador de las dos cámaras del Congreso Nacional. Brasil se convirtió así en la última de las grandes colonias latinoamericanas en abolir la esclavitud, allanando el camino a la era republicana de la historia del país.

Además de la amplia transformación de los aspectos socioeconómicos de la vida brasileña, uno de los principales logros del reinado de Pedro II fue la reorganización del ejército. Se reformó la Guardia Nacional para que sus líderes fueran elegidos por el gobierno central y sus designados en las provincias, y se modificaron sus funciones para equilibrar la institución con el ejército imperial. Esta medida se adoptó en la primera mitad de la década de 1840, lo que permitió al ejército brasileño obtener una ventaja significativa contra los rebeldes del sur.

Como hemos mencionado, Pedro II había heredado una rebelión separatista en el sur, pero el gobierno imperial negoció con los rebeldes en 1845 en lugar de continuar el esfuerzo bélico. La autoproclamada República Riograndense se disolvió y volvió a unirse a Brasil a cambio de una amnistía para los rebeldes y una mayor autonomía provincial.

En 1848 —el año de las revoluciones liberales en toda Europa— Brasil vivió la rebelión de Praieira en Pernambuco, influida por las ideas republicanas y socialistas radicales de pensadores como Fourier. Los rebeldes causaron inestabilidad en Recife y sus alrededores, pero nunca acumularon suficiente apoyo como para suponer una amenaza para el reorganizado ejército brasileño. La rebelión se pacificó en gran medida poco después de estallar, pero algunos focos de combatientes rebeldes mantuvieron tácticas de guerrilla hasta 1850. La revuelta de Praieira marcó el final de las insurrecciones en Pernambuco, que históricamente había sido propenso a este tipo de movimientos. Durante el reinado de Pedro II no estallaron más revueltas importantes en el nordeste.

Por último, el reinado de Pedro II fue memorable por la exitosa participación de Brasil en una serie de conflictos por disputas entre las naciones sudamericanas recién independizadas. La región había sido bastante inestable desde principios del siglo XIX, y ya hemos mencionado algunos de los conflictos en los que tuvo que involucrarse el Imperio brasileño.

En 1851, el gobernador de Buenos Aires —Juan Manuel de Rosas— había acumulado demasiado poder en Argentina y puso sus ojos en la guerra civil uruguaya en curso. Rosas, tratando de explotar el caos y dominar los antiguos territorios del Virreinato español del Río de la Plata, apoyó al partido nacionalista Blanco. Una posible victoria de Rosas pondría en grave peligro los intereses de Brasil en la región y provocaría una mayor desestabilización, por lo que Pedro II decidió intervenir. Brasil proporcionó apoyo al Partido Colorado liberal uruguayo y entró en la guerra civil, ganando también el apoyo de las provincias argentinas que se habían disgustado con la autoridad de Rosas. Tras cinco meses de lucha, Brasil y sus aliados se impusieron, derrocando a Rosas. Los beligerantes volvieron al *statu quo*, que solo aumentó la influencia brasileña en el sur.

En agosto de 1864, cuando Uruguay estaba sumido de nuevo en una profunda agitación política, los representantes de Pedro II presentaron un ultimátum a las dos partes, ya que la guerra civil había puesto en peligro la seguridad de los indígenas brasileños que residían en Uruguay. El emperador brasileño había exigido un alto el fuego y amenazado con intervenir si se le negaba. Finalmente, el ejército imperial tuvo que intervenir de nuevo en favor del liberal Partido Colorado, aunque el gobierno de entonces nunca reconoció su implicación oficial en la guerra. En febrero de 1865, el Partido Blanco estaba desbordado debido a la presión ejercida sobre sus posesiones por las fuerzas brasileño-coloradas, capitulando finalmente y poniendo fin al conflicto. El breve conflicto fue otra gran victoria política para el Brasil de Pedro II, así como para el presidente argentino Bartolomé Mitre, que había expresado su apoyo al Partido Colorado.

Sin embargo, la guerra de Uruguay condujo indirectamente a otro conflicto: la mayor guerra entre estados de la historia de Sudamérica. El presidente nacionalista paraguayo Francisco Solano López había apoyado a la facción Blanco en Uruguay y quedó desolado tras su derrota a manos de Brasil. Motivado por designios imperialistas, había denunciado la implicación de Brasil en la guerra civil uruguaya en repetidas ocasiones a mediados de 1864 y había amenazado con actuar. La acción se materializó en noviembre, cuando las fuerzas brasileñas seguían ocupadas por la guerra en Uruguay. Las fuerzas paraguayas, que alcanzaban los 80.000 hombres, cruzaron a territorio brasileño, obligando a las fuerzas imperiales de Brasil a movilizarse contra una invasión.

Aunque la invasión paraguaya inicial fue repelida, el presidente López también ordenó una invasión de los territorios argentinos que habían sido disputados entre los dos países. Esto obligó esencialmente a Brasil y Argentina a firmar el Tratado de la Triple Alianza con su reciente aliado Uruguay en mayo de 1865. Las fuerzas combinadas de la alianza resultaron demasiado difíciles para los paraguayos, que ya estaban en apuros a finales de año. En 1866, el veterano marqués de Caxias, Lima e Silva de Brasil, asumió el mando, lo que se tradujo en una serie de victorias para las fuerzas aliadas, que tomaron el control de la capital de Paraguay, Asunción, a finales de 1868. El presidente López huyó de la ciudad, organizando sus fuerzas en bandas de guerrilleros. Resistió durante los dos años siguientes antes de su muerte durante la batalla de Cerro Cora en marzo de 1870.

Más que nada, la guerra tuvo un efecto devastador en Paraguay. No solo perdió todas sus reivindicaciones territoriales, sino que su población sufrió inmensamente las consecuencias del conflicto. Algunas estimaciones sitúan las bajas paraguayas en 200.000, entre civiles y soldados que murieron por causas asociadas a la guerra, como el hambre y las enfermedades. Las fuerzas brasileñas permanecieron en Paraguay hasta 1876, supervisando la creación de un gobierno favorable a Brasil en Asunción.

En última instancia, debido al éxito de Brasil en estas guerras Platinas durante la década de 1850 y hasta finales de la de 1860, la nación emergió como una fuerza dominante en Sudamérica y en el hemisferio occidental. Sin embargo, la guerra trajo a primer plano muchos problemas que acabaron siendo molestos para Pedro II y su gobierno.

La muerte del Imperio

El reinado de Pedro II terminó abruptamente en noviembre de 1889, y con él llegó la disolución del Imperio de Brasil. Todo ocurrió rápidamente, con un golpe de Estado organizado por algunos de los militares de más alto rango de Brasil que obligó al emperador a abdicar. Pedro II accedió sin oponer resistencia. En la mañana del 16 de noviembre se proclamó la República de Brasil, con el exmariscal Deodoro da Fonseca como presidente interino del gobierno provisional hasta que pudiera adoptarse plenamente el nuevo sistema político.

Pero, ¿qué pretendían los que estaban detrás del golpe de Estado? ¿Por qué estaban descontentos con el gobierno de Pedro II?

Ya hemos mencionado algunas de las áreas clave en las que Brasil experimentó avances significativos durante el largo reinado de Pedro II. El emperador había logrado un cómodo equilibrio entre los principales partidos políticos del imperio y había establecido un sistema estable desde su acceso al poder cuando tenía catorce años. La economía de Brasil había crecido considerablemente, al igual que su población, que a finales de la década de 1880 rondaba los 14.000.000 de habitantes. La nación había hecho considerables esfuerzos por modernizarse, mejorando las redes de comunicación y las infraestructuras para conectar mejor sus vastas tierras. Geopolíticamente, Brasil había logrado eclipsar prácticamente a todas las naciones de Sudamérica, habiendo salido victorioso de los numerosos conflictos del sur. Con una afluencia de nuevos trabajadores en forma de inmigrantes extranjeros, el aumento de la urbanización y la normalización de las relaciones con las naciones europeas, parecía ciertamente en apariencia que el futuro del imperio estaba en buenas manos. De hecho, desde el final de la guerra del Paraguay, la economía brasileña había experimentado un cambio notable que favorecía a una nueva clase media emergente.

Sin embargo, las recientes reformas y la evolución sociopolítica habían dejado insatisfechos a muchos, por no mencionar otros factores que contribuyeron a los sentimientos adversos contra el emperador.

En primer lugar, los allegados al emperador notaron su creciente falta de entusiasmo por cumplir con sus obligaciones como emperador. El emperador, enfermo y con mala salud, no gozaba del favor de la nueva generación de políticos brasileños, que habían madurado durante la era del progreso de Brasil. La vieja generación, que había considerado a la institución del emperador como esencial para el Estado brasileño, estaba siendo sustituida poco a poco por nuevas caras críticas contra el emperador y su papel.

Además, Pedro II había vivido la muerte de dos de sus hijos y potenciales herederos. Esto había resultado especialmente difícil para el estado mental del emperador, que empezó a desfavorecer a su hija, Isabel, como posible sucesora al trono. Aunque el acceso de una mujer no era técnicamente imposible, el emperador Pedro creía que solo un hombre podía soportar una carga tan pesada como la de ser el emperador de Brasil. Esto lo llevó a adoptar una actitud pesimista, no pudiendo soportar más el escrutinio de algunos de sus principales rivales políticos.

Pedro II[7]

Fuerzas en las esferas social y política de Brasil aceleraron el declive del régimen de Pedro II. Uno de esos grupos eran los ricos terratenientes que habían quedado en gran parte descontentos con la abolición de la esclavitud. Tuvieron que adaptarse a las nuevas circunstancias y aumentar sus gastos, aunque sus ingresos seguían siendo muy elevados.

El régimen también se había peleado con la Iglesia católica, uno de los pilares del Estado brasileño y la religión oficial. Sin embargo, según la Constitución, la Iglesia funcionaba bajo la autoridad de Pedro II, no del papa del Vaticano. Esto significaba que todas las decisiones relativas a la organización o el funcionamiento de las actividades de la Iglesia debían pasar por el emperador antes de ser aplicadas en Brasil. Desde mediados de la década de 1870, varios obispos prominentes habían empezado a desafiar la autoridad imperial con la esperanza de conseguir más autonomía.

En el ejército existían sentimientos similares, ya que algunos de los oficiales de más alto rango creían que se los infravaloraba a pesar de sus éxitos en las muchas guerras de Brasil. Llevaban mucho tiempo expresando su deseo de una mayor autonomía en los asuntos del ejército, que también estaba estrictamente controlado por el gobierno. Los soldados rasos no recibían suficiente paga ni ascensos para seguir el ritmo de la economía del país, que se modernizaba rápidamente, y se sentían injustamente desfavorecidos.

Sin embargo, lo más importante es que los principales impulsores del golpe de Estado eran miembros del movimiento republicano. Durante el apogeo del imperialismo europeo, solo un puñado de naciones poderosas del mundo industrializado tenían sistemas democráticos o republicanos: Estados Unidos y Gran Bretaña eran los principales ejemplos. Brasil era la única monarquía que quedaba en América Latina, donde las antiguas colonias habían pasado todas a sistemas republicanos. Los liberales brasileños llevaban mucho tiempo activos en la política del país, apoyando una reorganización federalista de Brasil con más provincias autónomas.

La modernización y la urbanización habían incrementado los sentimientos liberales entre los ciudadanos, que empezaron a formar sociedades y clubes en los que abogaban por el establecimiento de una república brasileña. Consideraban anticuado un sistema monárquico con tanto poder e influencia y señalaron la cuestión de la esclavitud como un claro indicio de que era necesario cambiarlo. A ojos de los republicanos,

Brasil había tardado demasiado en abolir la esclavitud y el proceso gradual había dejado insatisfechos a algunos de los grupos clave. La modernidad, para ellos, requería un sistema político adecuado en el que las diversas voces del público fueran justamente consideradas, no uno en el que ciertos individuos fueran claramente favorecidos sobre otros.

Los republicanos brasileños fueron los líderes de la campaña contra la monarquía, y a ellos se unieron otros grupos descontentos en 1889 para expresar sus preocupaciones, sobre todo los militares. Esta improbable alianza comenzó a preparar su conspiración contra Pedro II tras la aprobación de la Ley Áurea en 1888. Para sorpresa de muchos, los ricos terratenientes conservadores se unieron a la causa republicana contra la monarquía, que creían parcial contra ellos. Aunque recuperaron sus pérdidas poco después de la abolición de la esclavitud, seguían molestos con el emperador y deseaban vengarse.

El Consejo de Ministros intentó promulgar medidas durante 1889 para complacer a algunos de los grupos más descontentos, encabezados por su presidente liberal Afonso Celso de Assis Figueiredo, vizconde de Ouro Preto. Entre las reformas que esperaba aprobar figuraban el sufragio universal, una reorganización del Senado imperial y de la Guardia Nacional para complacer a los militares, así como más autonomía para las provincias brasileñas. Sin embargo, los legisladores se negaron a aceptar sus reformas, lo que contribuyó aún más a los movimientos contra el régimen en la nación.

El 15 de noviembre de 1889, los conspiradores republicanos, a los que se unieron cientos de soldados y oficiales militares, tomaron las calles de Río y organizaron un rápido golpe de Estado, arrestando al vizconde de Ouro Preto (presidente del Consejo de Ministros) y tomando el control del gobierno de la noche a la mañana. Estaban dirigidos por el mariscal Deodoro de Fonseca, un antiguo comandante del ejército imperial al que habían convencido para que se uniera a la insurrección días antes. Antes de dar el golpe de Estado, los conspiradores habían difundido rumores sobre una posible represión de los individuos del ejército con sentimientos republicanos, lo que provocó aún más el antagonismo de los soldados contra el emperador.

Mientras tanto, Pedro II decidió regresar inmediatamente de su residencia en Petrópolis, con la esperanza de estabilizar la situación. Había creído que los insurrectos exigían la sustitución del Consejo de Ministros existente, y pensó que podría pacificarlos si elegía un nuevo gabinete. Sin embargo, a su llegada, de Fonseca y otros informaron al emperador que su intención era acabar con la monarquía. Subrayaron, empero, que querían evitar un choque violento contra las fuerzas leales al imperio. Al conocer la noticia, Pedro II decidió no resistirse, aceptando abdicar y exiliarse a Europa para evitar un mayor caos en el país. Había comenzado una nueva era en la historia de Brasil.

Capítulo cinco - Las luchas de la República brasileña

República Velha

El general Deodoro da Fonseca se convirtió así en el primer presidente del recién establecido régimen republicano en Brasil, dando paso a unos cuarenta años comúnmente conocidos como la *República Velha*, o «República Vieja». Durante estos años, Brasil se convirtió en una democracia constitucional con un presidente elegido, navegando a través de las primeras décadas del volátil siglo XX. Como suele ocurrir, el país experimentó algunos de los desafíos más acuciantes durante esta época, culminando con una revolución que derrocó al gobierno en 1830. En este capítulo, examinaremos algunos de los principales acontecimientos que tuvieron lugar durante la Primera República Brasileña.

General Deodoro da Fonseca (1889) [8]

La resistencia a la nueva situación política se materializó ya en las primeras semanas tras la proclamación de la república en noviembre de 1889. En los días siguientes se produjeron varios levantamientos a pequeña escala en el ejército, con batallones monárquicos sublevados contra Fonseca. Estallaron rebeliones por todo el país, incluso en Río de Janeiro. Los rebeldes exigían en su mayoría la restauración del emperador, aunque sus movimientos estaban muy desorganizados y no consiguieron nada importante.

A finales de 1890, el nuevo régimen había conseguido apaciguar estos levantamientos, mientras los políticos a cargo del gobierno provisional empezaban a construir un nuevo orden en lugar del impuesto por Pedro II. Así llegó la primera constitución republicana en febrero de 1891, que declaró oficialmente a Brasil una democracia constitucional.

Inspirada en el federalismo estadounidense y suizo, la Constitución de 1891 pretendía descentralizar el poder, aboliendo por completo el Poder Moderador. En primer lugar, el país pasó a llamarse República de los Estados Unidos de Brasil. Las antiguas provincias pasaron a llamarse «estados» y sus poderes y competencias aumentaron considerablemente. Se mantuvo el Congreso Nacional (formado por la Cámara de Diputados y el Senado), aunque los senadores ya no eran elegidos de por vida; sus mandatos se fijaron en nueve años.

La rama ejecutiva del gobierno estaba encabezada por un presidente, que servía durante cuatro años junto a un vicepresidente, que también actuaba como presidente del Senado. Ambos no podían ser reelegidos inmediatamente después de un mandato. Serían elegidos mediante un sistema de votación directa, y se exigiría a los votantes que aportaran sus firmas en las papeletas. También se suprimió el antiguo voto censitario, que se había basado en los ingresos de los votantes, y se cambió la edad para votar a veintiún años. Sin embargo, las mujeres, los miembros del clero, los soldados y los «analfabetos y mendigos» quedaron excluidos del voto.

Por último, el Estado y la Iglesia católica estaban separados el uno del otro, y el Estado no podría intervenir en los asuntos de la institución religiosa.

¿Qué significaron estos cambios constitucionales para Brasil? Significó que, a pesar de todas sus pretensiones, el nuevo sistema era una de las democracias constitucionales más antidemocráticas del mundo en aquel momento. Los principales problemas fueron las restrictivas condiciones de voto y el mecanismo de voto no secreto, que dieron lugar a una serie de elecciones esencialmente amañadas. En lo que se conoció como *coronelismo*, o el gobierno de los coroneles, los oligarcas de São Paulo, Minas Gerais y Río de Janeiro ejercieron una gran influencia sobre los votantes registrados empleados en sus plantaciones, manipulando los votos a su favor.

El resultado fue que el país fue gobernado sucesivamente por gobiernos formados por el Partido Republicano Paulista (PRP) local y el Partido Republicano Meneiro (Minas Gerais) (PRM). Esto puso de manifiesto el principal problema del movimiento republicano en Brasil: no había sido un movimiento popular generalizado. Las élites que estaban detrás del golpe de Estado de 1889 no podían arriesgarse a celebrar elecciones abiertas, quizá creyendo que los votantes de la nación los desfavorecerían.

Los escollos del régimen establecido en Brasil empezaron a mostrarse uno a uno. Poco después de la aprobación de la nueva Constitución, el país volvió a sumirse en una crisis económica. El presidente da Fonseca provocó una indignación masiva cuando quiso disolver el Congreso Nacional para hacer frente a la situación, lo que provocó una revuelta naval en Río de Janeiro organizada por uno de los almirantes de la Marina brasileña. En noviembre, temiendo una escalada que pudiera cobrarse vidas inocentes, Deodoro da Fonseca dimitió. El entonces vicepresidente Floriano Peixoto le sucedió en el cargo. El propio Peixoto había sido un experimentado veterano del ejército y tenía una mentalidad similar a la de su predecesor, con la esperanza de aumentar tanto sus propios poderes como el papel de los militares en los asuntos de la nación.

El nuevo presidente presidió algunos de los años más volátiles de la Vieja República, obligado a hacer frente a la crisis financiera provocada por el desarrollo no regulado del sector financiero brasileño desde mediados del siglo XIX. Su incapacidad para hacer frente a los problemas causados por el colapso de la economía, incluidos los altos niveles de inflación, provocó el estallido de otra revuelta naval en marzo de 1893. Esta vez, la revuelta se convirtió en un conflicto entre las fuerzas leales al gobierno y los rebeldes. Terminó con la victoria de Peixoto al año siguiente, después de que este autorizara la compra de buques de guerra extranjeros con fondos estatales.

Todo esto se sumó para provocar otra revuelta: la Revolución federalista, que se inició en febrero de 1893. Este movimiento no era ideológicamente homogéneo, pues estaba formado no solo por republicanos radicales y defensores del federalismo descontentos con el sistema político adoptado, sino también por monárquicos que pretendían restaurar el imperio. Algunos de los rebeldes también estaban motivados para sublevarse contra el poderoso gobernador de Rio Grande do Sul, Júlio de Castilhos, quien creían que abusaba de sus poderes. Los rebeldes fueron finalmente pacificados en 1895, tras unir sus fuerzas a las de los amotinados navales, que también fueron derrotados por las fuerzas gubernamentales. En total, sus enfrentamientos con el ejército brasileño causaron unas 10.000 bajas, desestabilizando aún más el sur de la nación.

Solo en marzo de 1894 se celebraron las primeras elecciones presidenciales en Brasil, que dieron como resultado la elección de Prudente de Morais, el primer presidente del país que no procedía de un entorno militar. Abogado y político experimentado, de Morais había sido gobernador de São Paulo. Fue el primero de los sucesivos presidentes «cafeteros» de Minas Gerais, que dominaron la política brasileña hasta 1930.

El presidente Morais reforzó aún más la concentración de poder en manos de la élite rica del sur. La mayoría de ellos eran plantadores de café, y las exportaciones del grano alcanzaron máximos históricos en la historia de la economía brasileña. Esto completó el desplazamiento definitivo del centro sociopolítico de Brasil del norte al sur, pero trajo graves consecuencias. Brasil se volvió excesivamente dependiente del café como principal producto de exportación, y su espectro agrícola casi ignoró otras plantas que podían cultivarse. Esto significó que Brasil tuvo que importar la mayoría de sus alimentos de sus vecinos o del extranjero. Con el tiempo, cuando el precio del café bajó en el mercado internacional, también lo hizo la situación económica de los plantadores de café brasileños. Los plantadores presionaron al gobierno para que inflara artificialmente los precios internacionales del café, comprándolo en el mercado. Esta práctica comenzó en 1906 y duró varios años, pero pronto el gobierno se dio cuenta de que no podía ser sostenible a largo plazo, y sus efectos negativos comenzaron a mostrarse en la economía brasileña.

Caída de la Vieja República

El dominio de Minas Gerais y São Paulo en la política brasileña hizo que los dos partidos republicanos regionales ganaran constantemente las elecciones. Los partidos desarrollaron un entendimiento mutuo que les proporcionó una enorme ventaja política comparativa sobre sus rivales del norte o del noreste, incapaces de amasar los mismos recursos para disputar las elecciones. Este periodo de supremacía política del sur llegó a denominarse política del *café con* leche o *«café com leite»*, en referencia a las dos industrias más importantes de las regiones: el café para São Paulo y los lácteos para Minas Gerais. El sobrenombre también proviene del hecho de que las dos regiones cooperaron durante décadas para impulsar sus agendas en la esfera política nacional, descuidando en gran medida los problemas a los que se enfrentaban otras regiones de Brasil. La vitalidad socioeconómica y política del sur, especialmente de São Paulo, quedó así finalmente cimentada a expensas del norte.

A pesar de la eventual caída en picado de los precios del café a principios del siglo XX y de la desorganización de la economía brasileña, el número de inmigrantes que llegaban al país no hizo más que aumentar, contribuyendo al crecimiento de centros urbanos como São Paulo. La ciudad pronto empezó a eclipsar a Río de Janeiro en casi todos los aspectos. En 1910, la población de la ciudad había aumentado a unas 400.000 personas, diez veces más que las cerca de 40.000 de 1885. Santos, una ciudad portuaria cercana, atrajo un tráfico cada vez mayor como principal ruta de exportación desde São Paulo, lo que provocó su enriquecimiento. En el norte, el descubrimiento del caucho en el estado de Amazonas contribuyó también al desarrollo y la urbanización de la región, convirtiéndose la ciudad de Manaos en un nuevo centro.

La rápida urbanización también trajo sus propios problemas. Por ejemplo, Río de Janeiro sufría problemas sanitarios y de salubridad, lo que provocaba brotes regulares de enfermedades como la viruela y la fiebre amarilla. Cuando las autoridades empezaron a introducir cambios en el diseño urbano de la ciudad e intentaron combatir la mala situación sanitaria de Río haciendo obligatoria la vacunación en otoño de 1904, gran parte de la población se indignó. Los soldados locales, que también estaban descontentos con el nuevo régimen republicano, intentaron movilizar a las masas en una breve rebelión en noviembre, conocida como la Revuelta de la vacuna, que fue rápidamente reprimida por las tropas gubernamentales.

El sistema político seudodemocrático implantado en la década de 1890 empezó a mostrar grietas en la segunda década del siglo XX. El sistema federalista descentralizado había dado lugar a una economía nacional poco integrada en la que había claros ganadores y perdedores. La urbanización, dondequiera que se produjera, había transcurrido sin la aparición de una clase media prominente que tomara parte activa en la esfera sociopolítica de Brasil. Los estados independientes con industrias propias exportaban sus productos a los mercados extranjeros y descuidaban en gran medida el mercado nacional. Esto contribuyó al crecimiento de las rivalidades regionales y aceleró aún más el desarrollo del sur, más rentable.

La conexión entre los vastos territorios de la nación debería haber sido proporcionada por una extensa red de carreteras y ferrocarriles, pero esto se consideró costoso y no fue favorecido por los inversores potenciales. La falta de sistemas de comunicación avanzados, como el telégrafo en las zonas remotas, hacía que la información pudiera tardar varias semanas en transmitirse de un lugar a otro. Los ricos terratenientes oligarcas, que habían concentrado en sus manos la mayor parte de la riqueza de la nación, no estaban interesados en integrar mejor las distintas provincias brasileñas para mantener su *statu quo.*

La economía brasileña también se había vuelto demasiado dependiente de la producción agrícola especializada y casi había descuidado la industrialización, fuera de ciertas reformas durante el reinado de Pedro II. Esto era en parte un legado por haber sido la última nación americana en abolir la esclavitud. Sin el protagonismo de las manufacturas locales, el país dependía de la importación de productos manufacturados de los mercados europeos y norteamericanos. Esto contribuyó a la falta de desarrollo tecnológico en las industrias brasileñas, así como en la agricultura, lo que disminuyó la productividad.

Lo que provocó la aparición de movimientos sociales y políticos que acabaron por poner fin al régimen oligárquico de la Vieja República fue la Primera Guerra Mundial. El estallido de la guerra en 1914 modificó las prioridades de las naciones europeas, sobre todo de Gran Bretaña, frenando la exportación de sus productos manufacturados a los mercados extranjeros.

La guerra, la más mortífera de la historia de la humanidad hasta ese momento, no solo ejerció una gran presión sobre las economías de los beligerantes, sino que también afectó indirectamente a la situación en otros lugares. Brasil experimentó otra grave crisis e inflación causada por la caída de la demanda y los precios del café en todo el mundo y los esfuerzos del gobierno por subvencionar a los productores locales.

Con la caída en picado de la producción de café, los que habían trabajado para los plantadores empezaron a unirse a las clases medias y trabajadoras urbanas, lo que dio lugar a un sorprendente aumento de la producción nacional de bienes manufacturados. Las fábricas brasileñas producían bienes más baratos en el mercado nacional, y el flujo interno de capital comenzó por fin a aumentar mientras los oligarcas del café luchaban por mantener su dominio. La interrupción de la importación de productos alimenticios también creó una demanda de diversificación de la agricultura brasileña, aunque el café y el azúcar nunca fueron desbancados como principales bienes de exportación.

Con la afluencia de inmigrantes extranjeros procedentes de Europa durante y después de los años de la guerra, las ideologías políticas prominentes de la época —sobre todo el anarquismo y el socialismo— estaban en auge. La insatisfacción generalizada con la situación socioeconómica y política del país era cada vez mayor. La gente empezó a darse cuenta de que el *statu quo* solo favorecía a un puñado de individuos, mientras que el gran potencial del país no era aprovechado por el gobierno, que estaba dominado por los intereses de los oligarcas.

La emergente clase media urbana formó una vaga alianza con los trabajadores de las fábricas, los industriales y las personas empleadas en el sector público, abogando por reformas tras la Primera Guerra Mundial. Sus demandas iban desde la implantación del sufragio universal hasta la reforma del sistema educativo, la industrialización de la nación y la mejora de las condiciones de los trabajadores.

Algunos oficiales del ejército compartían los sentimientos antigubernamentales y, juntos, estos grupos formaron una coalición para las elecciones presidenciales de 1922. A pesar de sus esfuerzos, perdieron y el PRM mantuvo el *statu quo* oligárquico. El decepcionante resultado fue objeto de una protesta en Río, donde algunos militares lanzaron una rebelión sin éxito.

Esto inició una lucha de ocho años entre el gobierno y sus partidarios oligárquicos del sur y los disidentes que criticaban al régimen, dirigidos por oficiales militares subalternos: los *tenentes*. Sin embargo, los *tenentes* no renunciaron a sus esperanzas de obligar al gobierno a aprobar reformas nacionales que tuvieran en cuenta los intereses de la mayoría de la población. Durante los años siguientes, fueron una espina clavada en el costado del gobierno, organizando pequeñas rebeliones por todo el país. Sus esfuerzos de resistencia aumentaron los sentimientos nacionalistas entre la población, que empezó a movilizarse cada vez más contra el gobierno.

La era Vargas

El 29 de octubre de 1929, con el desplome de la bolsa de Estados Unidos, Brasil se sumió en la Gran Depresión. Los precios del café volvieron a caer en picado en el mercado internacional mientras las distintas naciones trataban de combatir la inflación y el desempleo provocados por la crisis financiera. El gobierno de Brasil, como antes, intentó manipular artificialmente los precios del café para garantizar un flujo fiable de ingresos a los cafeteros, que se habían vuelto cada vez más dependientes de las políticas intervencionistas de los políticos favorables. Sin embargo, como suele ocurrir en una crisis económica, las clases medias y bajas fueron las más afectadas, lo que aumentó su descontento y elevó las tensiones a nuevos niveles antes de las elecciones presidenciales de 1930.

En 1929 se formó una alianza heterogénea de clases medias y trabajadoras, *tenentes*, industriales y socialistas. Nombró a Getúlio Vargas como su representante frente al candidato paulista Julio Prestes para las elecciones de 1930.

El propio Vargas procedía de una familia de terratenientes de Rio Grande do Sul, lo que hizo que se ganara un nombre entre los actores políticos de la década de 1920. Reconocía los problemas fundamentales a los que se enfrentaba Brasil, y su plataforma incluía promesas sobre la industrialización, la nacionalización de los recursos del país, la ampliación del derecho de voto y la reforma del sistema federalista.

A lo largo de los años, había acumulado suficiente influencia política de los grupos descontentos dentro del país para emerger como un líder esencialmente populista, afirmando que la «gente real» había sido desfavorecida por un grupo de élite corrupta, algo que resonó profundamente en la opinión pública.

Para las elecciones de 1930, había elegido estratégicamente como compañero de fórmula a João Pessoa, de la región nororiental de Paraíba, aprovechando la larga rivalidad regional de Brasil. Mientras hacía una amplia campaña antes de las elecciones, había grandes esperanzas de que se pusiera fin de una vez por todas al dominio político de la élite cafetera del sur.

Getulio Vargas [9]

Las elecciones de 1930, como la mayoría de las anteriores en Brasil, estuvieron plagadas de corrupción a gran escala y fraude, y acabaron con la victoria de Julio Prestes con el 57 % de los votos. Vargas solo había salido victorioso en Rio Grande do Sul (con más del 99 % de los votos), Minas Gerais y Paraíba, acumulando un total de más de 700.000 votos. Él y su coalición se negaron a aceptar los resultados de las elecciones, lo que contribuyó al aumento de las tensiones en el interior del país.

En junio de 1930, Joao Pessoa fue asesinado en Recife, lo que desencadenó masiva protestas e inestabilidad en el nordeste que tuvieron que ser frenadas por las fuerzas gubernamentales. Vargas, habiendo construido una extensa red de contactos en el ejército que simpatizaban con su plataforma, comenzó a planear una conspiración para tomar el poder. Los conspiradores idearon planes detallados para apoderarse de varios de los lugares más importantes del país, iniciando sus acciones a principios de octubre del mismo año, antes de que Prestes pudiera entrar en funciones y comenzar sus tareas.

Las fuerzas revolucionarias actuaron con rapidez y decisión, imponiéndose a mediados de mes, y Vargas demostró públicamente sus intenciones. Para el 24 de octubre, el presidente Washington Luis había sido derrocado y se estableció una junta militar en Río para supervisar la cesión del poder. Con la revolución de 1830, la Vieja República llegó a su fin y comenzó la era de Vargas.

A partir de noviembre de 1930, Getúlio Vargas ejerció un control total sobre los asuntos políticos de Brasil. Las primeras decisiones tomadas por él y sus partidarios tenían como objetivo privar de influencia a sus rivales políticos y centralizar el poder en manos del presidente. El problema evidente de Vargas y de la amplia alianza que había apoyado su ascenso al poder había sido la falta de un programa cohesionado, algo necesario si el nuevo presidente deseaba sacar al país de la recesión provocada por la Gran Depresión. En parte para darse tiempo para consolidar su posición, Vargas derogó la Constitución de 1891, disolvió los principales órganos legislativos del país y asumió la dirección de un «gobierno provisional» antes de que se promulgara una nueva constitución en 1934.

Para hacer frente a las terribles circunstancias económicas del país, Vargas adoptó una serie de políticas intervencionistas que concedían exenciones fiscales a determinados grupos, imponían cuotas de importación a los productos extranjeros y fomentaban la expansión del sector industrial nacional. Estas políticas, una vez más, no seguían una agenda económica o ideológica sólida. En cambio, fueron principalmente esfuerzos inmediatos para consolidar el apoyo de las clases medias en ascenso.

Cabe destacar que Vargas vinculó sus políticas intervencionistas estatales y la necesidad de industrializar con el nacionalismo, criticando públicamente la influencia de los actores extranjeros en Brasil. El principal grupo de interés al que Vargas favoreció fueron los terratenientes del noreste, que habían constituido una fuerza significativa en la coalición que respaldaba al nuevo presidente. Para devolverles su apoyo y arremeter contra la influencia de los oligarcas cafeteros del sur, Vargas promovió la diversificación de la agricultura del país en el noreste, reafirmando su influencia sobre la mano de obra. Esto iba en contra de algunas de las promesas más socialistas de la plataforma de

Vargas. Los trabajadores rurales se vieron más desfavorecidos, lo que alimentó el auge de los sentimientos izquierdistas contra el nuevo gobernante.

Así pues, pronto se hizo evidente que Vargas seguiría favoreciendo a sus partidarios con sus medidas socioeconómicas y aumentando su poder político mediante la centralización. Esto provocó varias revueltas contra el nuevo régimen, la mayoría de las cuales fueron rápidamente reprimidas por las tropas leales locales. El ejército bajo Vargas tampoco tuvo miedo de utilizar la fuerza contra una oleada de protestas estudiantiles y de izquierdas. En el verano de 1932, los insatisfechos oligarcas cafeteros del sur lanzaron la Revolución Constitucionalista para intentar desalojar a Vargas del poder, con un resultado de hasta 5.000 bajas. La revuelta se desencadenó después de que las fuerzas gubernamentales hubieran asesinado a cuatro activistas estudiantiles en mayo, pero los rebeldes no pudieron reunir el apoyo suficiente para desafiar seriamente al régimen de Vargas.

El intento de revolución hizo que Vargas se diera cuenta de que no podía avanzar más hacia sus objetivos de centralización sin atender a los plantadores de café. Por esta razón, empezó a apelar cada vez más a sus intereses, perdonando sus deudas y colocando a funcionarios favorecidos en puestos de poder en São Paulo y Minas Gerais. Expresó cada vez más sentimientos nacionalistas antizquierdistas, olvidando que había llegado al poder esencialmente a través de una plataforma para acabar con el dominio de las élites terratenientes.

La ambigüedad de sus posturas y la falta de cohesión que suele caracterizar las acciones de los líderes populistas se manifestaron en la Constitución de 1934, adoptada tras un extenso trabajo de la Asamblea Nacional Constituyente. Los mayores cambios políticos incluyeron la implantación del voto secreto y la extensión del sufragio a las mujeres. También concedió amplios derechos al gobierno para regular la economía. Se nacionalizaron los recursos brasileños y se estableció un sistema corporativista que promovía la cooperación entre los mayores grupos de interés del país (no solo las corporaciones empresariales).

El régimen de Vargas mostraba un gran parecido con algunos de los regímenes ultranacionalistas y fascistas que ganaban protagonismo en la Europa contemporánea, es decir, los de Benito Mussolini en Italia y Adolf Hitler en Alemania. Vargas empezó a adoptar una retórica cada vez más fascista tras el levantamiento comunista de noviembre de 1935 en Recife y Río, que fue rápidamente reprimido por las fuerzas gubernamentales. El presidente empezó a culpar a los grupos de izquierda de sus continuos esfuerzos por desestabilizar el Estado brasileño. El levantamiento había proporcionado esencialmente a Vargas un nuevo chivo expiatorio.

Sabiendo que no podría ser reelegido en 1938, se dirigió a la nación en noviembre de 1937 con un discurso radiofónico en el que informó al país de un complot comunista para derrocar al gobierno. Según él, grupos radicales de izquierda habían ideado el «Plan Cohen» con el que querían establecer una dictadura comunista en el país. Sin embargo, tal conspiración no existía. El presidente se la había inventado para justificar algunas de las medidas que tomaría a continuación, aparentemente para defender al país de los revolucionarios. Así, tras su discurso, Vargas declaró el estado de emergencia y a disolver el Congreso. Rápidamente anunció una nueva constitución que otorgaba al presidente poderes prácticamente ilimitados y contenía una retórica anticomunista y nacionalista.

Así comenzó una nueva era en la historia de Brasil denominada *Estado Novo*, o el «Nuevo Estado», también conocido como la Tercera República Brasileña. Durante los ocho años siguientes, Vargas actuó esencialmente como dictador del país, justificando su permanencia en el poder mediante la búsqueda de chivos expiatorios entre los grupos de izquierda y la represión de quien se atreviera a expresar su oposición. Brasil se convirtió en un estado policial, con el ejército como principal aliado de Vargas para mantener el régimen.

Opositores políticos y de la sociedad civil, críticos con el régimen, sospechosos de disidencia y activistas fueron encarcelados y juzgados en tribunales creados por el régimen para perseguir sus propios fines. Todos los partidos políticos fueron disueltos por decreto presidencial, incluido el fascista Partido Integralista, que hasta entonces había sido el principal aliado político de Vargas contra los comunistas. Se establecieron leyes de censura que el régimen hizo cumplir. Se tomaron medidas económicas para impulsar la industrialización y sofocar cualquier sentimiento de descontento que la opinión pública pudiera tener contra el dictador. Se crearon empresas estatales para controlar mejor los recursos brasileños.

Con el estallido de la Segunda Guerra Mundial, Vargas justificó su permanencia en el poder basándose en la tensa situación internacional. Brasil fue formalmente neutral al principio, aunque los esfuerzos de Vargas por estrechar lazos con Estados Unidos hicieron que el país proporcionara valiosos materiales de guerra a los Aliados, como caucho y hierro. La industria del caucho, basada en la cuenca del Amazonas, estaba especialmente desarrollada, ya que las potencias del Eje se habían hecho con las mayores reservas de caucho del sudeste asiático.

Solo en 1942, después de que sus buques mercantes fueran hundidos por submarinos alemanes, Brasil se unió a la guerra en el bando de los Aliados. La Fuerza Expedicionaria Brasileña fue enviada a Europa, logrando un gran prestigio para los brasileños, a pesar de su falta de entrenamiento y equipamiento adecuado en comparación con otras naciones aliadas. A su vez, Estados Unidos concedió a Brasil concesiones de arrendamiento de tierras y apoyo aéreo durante toda la guerra, lo que ayudó a Vargas a mantener su posición hasta 1945.

La Cuarta República brasileña

Irónicamente, el éxito de la Fuerza Expedicionaria Brasileña (FEB) fue uno de los factores del declive de la autoridad de Vargas a finales de 1945. Con la disminución de las tensiones internacionales y el fin de la guerra, comenzó a aumentar la presión contra Vargas desde el interior del país. Los soldados de la FEB que regresaban fueron puestos bajo vigilancia por el gobierno, ya que temía que pudieran surgir como líderes de un movimiento popular contra Vargas.

Estos temores se materializaron en otro golpe de Estado militar no violento a finales de octubre de 1945, que consiguió deponer a Vargas y poner fin al Estado Novo. Dirigido por varios oficiales del ejército, el golpe de Estado siguió al amaño de las elecciones presidenciales el 2 de diciembre del mismo año. Crucialmente, Vargas había anunciado planes para redactar una nueva constitución y había declarado su intención de presentarse. De hecho, esta podría haber sido la razón por la que deseaba cambiar la constitución, ya que las iteraciones anteriores no permitían al presidente en funciones presentarse inmediatamente para un segundo mandato. Con la presión de la opinión pública en aumento y muchos sintiéndose amenazados por la idea de que Vargas pudiera permanecer en el poder, se organizó el golpe de Estado del 29 de octubre. Vargas se vio obligado a dimitir, aunque el exdictador siguió activo en la política brasileña.

En las elecciones celebradas en diciembre del mismo año, Eurico Dutra, ministro de Guerra durante el régimen de Vargas, salió victorioso con cerca del 55 % del voto popular. Pertenecía al mismo Partido Socialdemócrata de centro-derecha fundado por Vargas (el otro era el

Partido Laborista Brasileño) y había derrotado a los candidatos de la conservadora Unión Democrática Nacional y del Partido Comunista Brasileño.

Al año siguiente se estableció una nueva constitución, que marcó el retorno del país al régimen democrático y el comienzo de la Cuarta República brasileña. La constitución derogaba las medidas autoritarias de 1937 y pretendía restringir los poderes del presidente para evitar el surgimiento de otro Vargas. Los mandatos presidenciales se fijaron en cinco años en lugar de cuatro y se concedió mayor autonomía a los estados brasileños. En conjunto, la presidencia de Eurico Dutra marcó cinco años relativamente pacíficos y estables. Durante este tiempo, el gobierno forjó relaciones más estrechas con Estados Unidos e invirtió modestamente en sectores clave de la economía brasileña.

Curiosamente, a pesar de su destitucion, Getúlio Vargas seguía manteniendo un alto nivel de popularidad entre cierta base de partidarios. Consiguió convertirse en senador acumulando el apoyo popular de Rio Grande do Sul y São Paulo y ejerció durante la presidencia de Dutra. Aún más importante, las elecciones de 1950 marcarían el regreso de Vargas como candidato presidencial de su populista Partido Laborista Brasileño y, finalmente, su victoria en las elecciones con el 48 % de los votos nacionales.

Vargas fue investido para su segundo mandato en enero de 1951, y su vuelta a la presidencia marcó uno de los periodos más desconcertantes de la Cuarta República. Vargas había derrotado técnicamente a sus oponentes durante las elecciones, aunque el número de votos que él y su partido habían recibido no era suficiente para devolverlo a la posición que había disfrutado en la década de 1930. El partido no tenía mayoría en el Congreso Nacional, y los reducidos poderes del presidente esbozados en la nueva constitución significaban que Vargas no tenía rienda suelta sobre las políticas adoptadas durante su segundo mandato. Aun así, el presidente electo se apoyó en la retórica populista para avivar los sentimientos nacionalistas de la opinión pública brasileña y consiguió reincorporar a algunos de sus antiguos aliados políticos a puestos de poder.

La economía brasileña seguía luchando por seguir el ritmo de la modernización y el gobierno se debatía entre adoptar una postura neoliberal o intervencionista. Algunas de las medidas adoptadas durante la segunda presidencia de Vargas incluyeron la duplicación del salario mínimo, una política radical que solo contribuyó al aumento de la inflación. El gasto público seguía siendo demasiado elevado, lo que provocó déficits presupuestarios y un aumento de la deuda nacional. Quizá la decisión más importante del gobierno fue la creación de una compañía petrolera nacional, Petrobras, para explotar mejor las reservas de petróleo del país.

Mientras tanto, los principales opositores de Vargas seguían expresando su preocupación por su regreso a la presidencia. Esta vez, gracias a la existencia de una prensa libre y de libertad de expresión —dos cosas de las que no disponían los críticos durante la dictadura de Vargas— su desaprobación del gobierno alcanzó nuevas cotas. Los miembros de la administración de Vargas fueron cada vez más criticados, y algunos fueron destituidos en 1954.

Al principal partido de la oposición anti-Vargas —la Unión Democrática Nacional— se unieron algunos miembros del ejército en sus comentarios críticos contra el presidente. Esto creó la sensación de que se estaba gestando otra conspiración, presionando aún más a Vargas.

A principios de agosto de 1954, hubo un intento de asesinato de un periodista de la oposición y crítico declarado de Vargas, Carlos Lacerda. Las amenazas contra Lacerda, que había iniciado una campaña para presentarse como candidato a la Cámara de Diputados, lo obligaron a contratar a un grupo de guardaespaldas. Finalmente, sobrevivió al ataque, pero uno de sus guardaespaldas (un antiguo oficial de las fuerzas aéreas) resultó muerto y otro herido. La noticia del intento de asesinato saltó pronto a los titulares nacionales y, tras una investigación, uno de los guardias personales de Vargas, Gregório Fortunado, fue identificado como el hombre que había ordenado el asesinato.

Esto desencadenó otra oleada de protestas públicas contra Vargas y su administración, que fue acusada de corrupción muy extendida. A la opinión pública se unieron miembros del ejército, que expresaron su deseo de que Vargas dimitiera. Tras el escándalo, el presidente Vargas se suicidó en el palacio presidencial el 24 de agosto, temiendo que fuera inminente un golpe de Estado militar contra él. Dejó una carta en la que afirmaba que lo había hecho todo por Brasil.

Tras un periodo de interinidad en el que tres personas diferentes fueron elegidas para desempeñar las funciones de presidente, el ex gobernador de Minas Gerais, Juscelino Kubitschek de Oliveira, se alzó con la victoria en las elecciones presidenciales celebradas en octubre de 1955. Su ascenso marcó el principio del fin de la Cuarta República brasileña, que duró hasta 1964.

Kubitschek, que llegó a la presidencia con algo más de un tercio del total de votos, fue una de las figuras más ambiciosas de la historia del Brasil del siglo XX. Su programa «Cincuenta años en cinco» era un extenso plan para impulsar reformas en una amplia gama de aspectos sociales, económicos y políticos de la vida brasileña. Incluía cambios propuestos en campos tan importantes como las infraestructuras del país, los sistemas de comunicación y transporte, el sector energético y la educación. En resumen, quería industrializar rápidamente el país, y sus políticas fueron un testimonio de sus intenciones. El gobierno tomó las riendas y empezó a invertir en industrias como la producción de energía hidroeléctrica y la minería de hierro y carbón, y amplió su control sobre la industria petrolera.

Quizá el legado más evidente de la administración de Kubitschek fue la construcción de una nueva capital —Brasilia— que fue diseñada por el destacado arquitecto brasileño Oscar Niemeyer. Construida estratégicamente a casi 600 millas al oeste de Río de Janeiro, en una zona subdesarrollada del país, Brasilia debía de atraer a un gran número de habitantes y acelerar el crecimiento de la región.

Sin embargo, la administración y las decisiones de Kubitschek fueron muy criticadas. Ello se debió principalmente a que el Estado aumentó enormemente sus gastos y acrecentó su deuda nacional tomando préstamos del

Retrato presidencial oficial de Joscelino Kubitschek [10]

exterior. Al final de su mandato, la deuda de Brasil había aumentado hasta los 300 millones de dólares, más del triple que en 1956. Al igual que sus predecesores, el presidente fue criticado por descuidar el bienestar de las capas más bajas de la sociedad brasileña en favor de sus objetivos de acelerar el crecimiento económico. Aunque la afluencia de capital extranjero dio lugar al crecimiento de varias industrias nacionales, también aumentó la desigualdad de la riqueza nacional. El nivel de vida siguió siendo horrible para muchos brasileños, tanto en las zonas rurales como en los centros urbanos. Esto hizo que el apoyo de Kubitschek cayera en picado al final de su mandato como presidente, y fue sustituido tras las elecciones de 1960 por Jânio Quadros, candidato del antiguo Partido Nacional Laborista de Vargas.

Candidato extremadamente popular en el momento de su elección, Quadros asumió el cargo de presidente en 1961 y se reveló como un crítico declarado de las medidas emprendidas durante la administración anterior. Adoptó la imagen de un político con el deseo de erradicar la extendida corrupción de la política brasileña, pero fue incapaz de aplicar políticas eficaces para abordar los problemas a los que se enfrentaba Brasil. Por ello, la presidencia de Quadros estuvo marcada por un sutil retorno del populismo.

Por ejemplo, el presidente decidió prohibir el juego de apuestas en el país, justificando su decisión diciendo que era una de las principales causas de la inflación. El presidente también adoptó una controvertida iniciativa de política exterior al restablecer las relaciones diplomáticas con la nación socialista y comunista de Cuba, aparentemente para convertir a Brasil en una nación neutral durante la Guerra Fría.

Debemos recordar que Estados Unidos había sido el aliado internacional más cercano de Brasil antes de estos acontecimientos, con intenciones de profundizar la relación expresadas desde el principio por ambas partes. Fue durante el mandato de Quadros como presidente cuando esta relación recibió el primer golpe. Con él llegó un Congreso Nacional descontento. Quadros perdió su apoyo y acabó dimitiendo en agosto de 1961, solo cinco meses después de asumir el cargo.

Capítulo seis - El nacimiento del Brasil moderno

El golpe de Estado de 1964

La dimisión de Jânio Quadros fue una decisión inesperada. Muchos la han identificado como un movimiento que el presidente esperaba que provocara que la opinión pública le demostrara su apoyo y lo hiciera regresar al poder. Sin embargo, tal apoyo no se materializó. En cambio, el Congreso Nacional llamó al vicepresidente João Goulart de su viaje a China para que asumiera el cargo. (La misión del vicepresidente era normalizar las relaciones con la nación comunista, según la política de Quadros).

Sin embargo, algunas personalidades —en su mayoría oficiales militares— estaban en contra de Goulart, pues creían que él mismo era comunista y, por tanto, enemigo de Brasil. Los ministros militares de la marina, el ejército y la fuerza aérea vetaron el acceso de Goulart y quisieron celebrar nuevas elecciones. Aun así, su decisión no obtuvo el apoyo generalizado de la opinión pública, y el Congreso lanzó la Campaña por la Legalidad para garantizar que Goulart se convirtiera en presidente.

Liderados por varios gobernadores de estado, oficiales militares y legisladores constitucionalistas, los activistas creían que la decisión de los ministros de vetar a Goulart violaba la constitución. Se movilizó a la población y a una parte del ejército, pero, afortunadamente, no se produjo ningún enfrentamiento armado entre ambos grupos.

En cambio, llegaron a un compromiso. Goulart juró el cargo como sustituto temporal de Quadros, pero con poderes limitados que se implementaron tras los cambios introducidos en la constitución. En lugar del presidente, el primer ministro asumió los poderes ejecutivos. Este sistema duró hasta principios de enero de 1963, cuando los votantes acudieron a las urnas en un referéndum nacional y votaron a favor de revertir las enmiendas realizadas a la constitución. Esto significó el abandono del sistema parlamentario, la derogación de las enmiendas y la devolución de los poderes anteriores a 1961 al presidente Goulart.

Sin embargo, para entonces era evidente que las tensiones políticas del país no se habían disipado. La dimisión de Quadros había provocado una polarización masiva entre los diferentes grupos de Brasil. A lo largo de los primeros años de la década de 1960, las huelgas y las protestas masivas fueron habituales en las mayores ciudades brasileñas, pero se hizo poco para solucionar los problemas a los que se enfrentaban muchos brasileños.

Una vez aumentados sus poderes, Goulart intentó impulsar reformas de tendencia izquierdista, como una participación más activa del Estado en la economía nacional y la redistribución de la tierra. En teoría, estas reformas habrían disminuido el poder de algunos de los terratenientes más ricos que aún dominaban la esfera social y política brasileña. Los críticos del presidente lo consideraban cada vez más comunista y su apoyo en el Congreso Nacional empezó a menguar.

En medio de las crisis internacionales provocadas por la Guerra Fría, estas medidas también atrajeron el interés de Estados Unidos, que se veía a sí mismo como el principal enemigo de la expansión del comunismo por el mundo. Las relaciones entre Estados Unidos y Brasil siguieron deteriorándose mientras el presidente Goulart se negaba a dejar de aplicar sus medidas. Mientras tanto, los movimientos anti-Goulart empezaron a ganar protagonismo, y la inestabilidad y polarización que existían dentro del país dieron lugar a otra conspiración contra el presidente, apoyada por Estados Unidos.

Así se lanzó el golpe de Estado militar del 31 de marzo de 1964, que logró deponer a Goulart. El levantamiento comenzó después de que destacados miembros del ejército se unieran a las protestas contra Goulart que habían estallado en Minas Gerais. Entre los principales líderes se encontraba Humberto Castelo Branco, que acabó convirtiéndose en el nuevo presidente tras el derrocamiento de Goulart. Miembros del Congreso Nacional también apoyaron la insurrección, habiéndose comunicado en secreto con el Departamento de Estado de EE. UU. para solicitar apoyo contra el aparentemente comunista Goulart.

Con la «Operación Brother Sam», la Fuerza Aérea y la Marina estadounidenses habían sido movilizadas para transportar suministros a los instigadores del golpe de Estado y estaban listas para llegar a Brasil. Sin embargo, su participación en el golpe no fue necesaria, ya que los grupos pro-Goulart no pudieron ofrecer resistencia al golpe de Estado. Las tropas rebeldes ocuparon posiciones clave en Río de Janeiro y São Paulo, convenciendo cada vez a más soldados para que se unieran a su causa. Goulart huyó al exilio a Uruguay ese mismo día y, para el 2 de abril, ya no era capaz de oponer resistencia.

Dictadura en Brasil

El nuevo régimen se mantuvo en Brasil durante los veintiún años siguientes, marcando un periodo de transformación para el país en medio de un clima internacional turbulento. Los instigadores del golpe de Estado comenzaron inmediatamente a aplicar medidas destinadas a reforzar y legitimar el nuevo régimen. En lugar de derogar la Constitución de 1946, el gobierno militar adoptó decretos extralegales, los Actos Institucionales. Estos actos otorgaron a los líderes del golpe de Estado influencia política y la autodenominada autoridad para actuar más allá de los límites de la Constitución. El primero de estos actos se promulgó el 9 de abril de 1964, aumentando enormemente los poderes del presidente. Dos días después, el Congreso Nacional eligió al general Castelo Branco como presidente para el resto del mandato del expresidente Goulart.

El mandato de Castelo Branco como presidente comenzó con relativa calma. Las primeras medidas dictatoriales que tomó llegaron recién en octubre de 1965, con la adopción de la Segunda Ley Institucional. Con este decreto, se concedieron de nuevo al ejecutivo poderes prácticamente ilimitados, mientras que los del poder judicial y el legislativo se redujeron considerablemente. En esencia, el presidente podía elegir a los legisladores y gobernadores que le resultaran favorables, así como destituirlos si lo consideraba oportuno. Los diputados críticos con el régimen, así como los miembros de tendencia izquierdista del Congreso Nacional, fueron así purgados, y muchos antiguos oficiales militares recibieron puestos ministeriales. Castelo Branco y su gobierno procedieron entonces a ilegalizar todos los partidos políticos, excepto dos: la Alianza de Renovación Nacional

(ARENA) —un partido de extrema derecha respaldado por el gobierno en el poder— y el Movimiento Democrático Brasileño, que constituía la oposición «centrista».

En 1967 también se redactó una nueva constitución que reafirmaba la supremacía del presidente y de las Fuerzas Armadas brasileñas como su institución de mano derecha. El presidente podía proponer leyes al Congreso Nacional, que disponía de treinta días para examinarlas. Si no había una respuesta clara del Congreso durante los treinta días, los decretos sugeridos se convertían automáticamente en leyes. Se redujeron las autonomías estatales y se restringieron, por ejemplo, las libertades fundamentales de reunión. También aumentaron las competencias de la policía; los sospechosos de ser delincuentes podían ser encarcelados libremente y juzgados en los tribunales. Otro cambio importante afectó a la elección del presidente y de los gobernadores de los estados. Las elecciones se hicieron indirectas: el Congreso Nacional elegía al presidente y las legislaturas estatales a sus gobernadores. En realidad, estas medidas solo dieron más poder al gobierno para perpetuar el régimen y aumentar sus atribuciones. También se cambió el nombre del país por el de República Federativa de Brasil.

Castelo Branco fue sustituido como presidente por uno de los más duros anticomunistas de la dictadura militar, Artur da Costa e Silva. Su mandato se caracterizó por la adopción de medidas más autoritarias y nacionalistas, que a menudo fueron objeto de protestas públicas.

El gobierno censuró a los medios de comunicación brasileños, que se habían convertido en uno de los más críticos con el régimen, a pesar de haber apoyado la deposición de Goulart en años anteriores. Se crearon organismos estatales especiales para supervisar la aplicación y el cumplimiento de las leyes de censura, que actuaban bajo el Ministerio de Justicia. Prácticamente todos los campos de los medios y las comunicaciones, incluidos la radio, la televisión, la prensa y ámbitos culturales como el teatro o la música, fueron censurados por el gobierno a partir de 1968, lo que condujo a la creación de un «mercado negro» de transmisión de información. Estos cambios fueron posibles gracias a varios decretos institucionales. Durante este tiempo, estos decretos se convirtieron en un mecanismo básico para aumentar el poder de la dictadura militar y superar las barreras creadas por la constitución.

Fue también durante esta época cuando el uso sistemático de la violencia se convirtió en otro elemento básico de la dictadura militar. El gobierno dio esencialmente rienda suelta a la policía para reprimir a los miembros no simpatizantes del público. El Estado había llevado a cabo actividades similares durante la presidencia de Vargas, pero esta vez el alcance de la brutalidad policial alcanzó nuevas cotas, y los métodos de tortura fueron especialmente brutales. Los sospechosos de pertenecer a organizaciones secretas de izquierda o de ser organizadores de movimientos de protesta eran encarcelados y torturados. Esto ocurrió especialmente durante los primeros años de la dictadura militar, cuando eran más frecuentes las protestas de estudiantes, grupos de izquierda, artistas y miembros de la sociedad civil. Los enfrentamientos con la policía antidisturbios se saldaban con cientos de muertos y heridos y aún más encarcelamientos.

Para hacerlos más eficaces, la policía brasileña y miembros del ejército fueron especialmente entrenados por expertos en inteligencia de EE. UU. y el Reino Unido, especializados en métodos de tortura. El problemático legado de las violaciones de los derechos humanos durante el régimen de Silva sigue vivo en Brasil, y desde la década de 1980 se han realizado muchos esfuerzos para erradicar las brutales prácticas sistemáticas de la dictadura.

La presidencia de Silva se vio truncada en agosto de 1969, cuando sufrió una trombosis cerebral que lo dejó incapacitado. Sin embargo, en lugar de que el vicepresidente Pedro Aleixo tomara el relevo, una junta militar formada por tres generales asumió el control del país y decretó varios Actos Institucionales para legitimarse.

Los dirigentes de la junta justificaron su decisión por el hecho de que el Congreso Nacional seguía en receso. Querían proceder repartiendo las funciones de presidente entre los tres, pero esto resultó imposible debido a las protestas de las esferas política y pública. Así pues, se fijó una nueva fecha para las elecciones a finales de octubre. Por supuesto, un candidato de la Alianza de Renovación Nacional, Emílio Garrastazu Médici, se impuso, convirtiéndose en el próximo presidente del país a finales de 1969.

Las medidas represivas de la presidencia de Silva alcanzaron nuevas cotas durante el mandato de Médici, ya que el gobierno siguió ejerciendo un amplio control sobre la vida pública. En general, el régimen siguió tomando medidas enérgicas contra los disidentes políticos y los críticos declarados del gobierno. Restringió las libertades individuales, censuró la prensa y adoptó una retórica cada vez más nacionalista y antizquierdista.

Sin embargo, la opresión del mandato de Médici se complementó con grandes esfuerzos para impulsar la economía nacional, lo que dio lugar al «milagro brasileño», para sorpresa de muchos observadores nacionales e internacionales. Las políticas gubernamentales dieron como resultado un magnífico crecimiento medio anual del 11,2 % del PIB del país, y las tasas de inflación se mantuvieron estables hasta finales de 1973. Gracias al plan ideado por un grupo de economistas tecnócratas dirigidos por Antônio Delfim Netto, Brasil consiguió atraer a inversores extranjeros e impulsar la producción nacional en industrias como la fabricación de automóviles. La producción de la economía nacional se diversificó y el café dejó de ser el principal producto de exportación del país, ya que su cuota cayó hasta cerca del 15 % en la primera mitad de la década de 1970.

El milagro brasileño se debió en parte a la favorable situación financiera internacional, que facilitó a Brasil la obtención de préstamos del exterior. Aunque el PIB total del país aumentó, también hubo claros ganadores y perdedores de las políticas económicas, que favorecieron la acumulación de capital en manos de los miembros más ricos de la sociedad. El Estado suprimió muchos de sus programas de bienestar social, lo que afectó en mayor medida a los estratos sociales más bajos. Además, la crisis del petróleo de 1973 asestó un duro golpe a la economía brasileña, ya que el petróleo había sido uno de los recursos más importados por el país.

Al final del mandato de Médici, la situación socioeconómica de Brasil era muy contradictoria. El país seguía una trayectoria de industrialización ascendente con una de las peores calidades de vida para la gran mayoría de su sociedad.

Abertura

La elección de Ernesto Beckmann Geisel como presidente en 1974 suele asociarse en la historia brasileña con el inicio de la liberalización y la transición gradual para alejarse de una dictadura plenamente autoritaria. Esta época se conoce como el periodo de «apertura política» o *abertura*, pero no debe confundirse con la era de cambios radicales que supuso la redemocratización instantánea de Brasil. De hecho, Geisel fue elegido según la «tradición» establecida por el régimen militar desde 1964: nominado por la cúpula de las fuerzas armadas y elegido sin oposición real. Había sido elegido por sus credenciales en el ejército, sus estrechas conexiones con el régimen desde la época de Castelo Branco y la influencia de su hermano, que era el ministro de Guerra. Nadie previó entonces que su mandato iniciaría un proceso gradual de liberalización que se prolongaría durante los diez años siguientes.

Sus inclinaciones moderadas eran bien conocidas dentro de ARENA y, sin duda, hubo cierta oposición contra él por parte de los partidarios más acérrimos del régimen dictatorial. Sin embargo, no es fácil precisar las razones del programa de liberalización gradual que adoptó durante su presidencia.

Una de las principales razones podría haber sido la crisis en la que se encontraba Brasil desde 1973, provocada por la fluctuación de los precios internacionales del petróleo. Las raíces de este problema podrían remontarse a la estricta jerarquía militar impuesta. Geisel pensaba que sería mejor para Brasil a largo plazo separar poco a poco a los militares de los asuntos gubernamentales. Aunque esto no pudo hacerse instantáneamente por razones obvias, en última instancia su administración fue responsable de crear al menos una atmósfera que permitió a la oposición expresar sus preocupaciones.

Sin embargo, muchas de las medidas de la *abertura* fueron seguidas de medidas igualmente conservadoras y autoritarias, algunas de las cuales recordaban al gobierno de Médici. Por ejemplo, se permitió a los partidos de la oposición utilizar la radio y la televisión durante sus campañas para las elecciones a la legislatura estatal que se celebraron en noviembre de 1974. El Movimiento Democrático Brasileño (MDB) pudo así obtener por fin más representación en las legislaturas regionales. Sin embargo, a esto le siguió una represión contra el Partido Comunista y medidas de censura de prensa en 1975, acordes con la fuerte postura anticomunista del régimen militar.

En resumen, lo que Geisel reconoció correctamente fue el hecho de que el sistema político de Brasil no era sostenible y los cambios solo podían imponerse desde posiciones de poder. Las elecciones legislativas estatales de 1974 contribuyeron en gran medida a revitalizar el movimiento de oposición, y todas las elecciones posteriores se celebraron de forma igualmente libre. El resultado fue que el MDB obtuvo aún más escaños en el Congreso Nacional de 1976. Por primera vez, esto pudo amenazar la posición de ARENA. Por ello, Geisel se apresuró a utilizar los poderes que le otorgaba la Quinta Acta Institucional para disolver el Congreso en 1977 y crear estructuras que garantizaran el acceso de su deseado sucesor. Este enfoque de permitir avances democratizadores graduales y luego contrarrestarlos con medidas autoritarias se convirtió en un elemento básico de su presidencia.

En última instancia, el planteamiento de Geisel dio a muchas personas desencantadas con el liderazgo brasileño un sentimiento de esperanza y el deseo de tomar las calles. Así surgieron los movimientos huelguísticos del gran São Paulo en 1978, las primeras huelgas organizadas tras las políticas represivas del gobierno. Organizados por los partidos de izquierda y liderados por el entonces activista y eventual presidente Luiz Inácio Lula da Silva, los trabajadores empezaron a exigir aumentos salariales y mejores condiciones. Hasta medio millón de personas salieron a la calle y el gobierno acabó accediendo a sus demandas.

Todos estos acontecimientos se sumaron. Al final de su mandato, el presidente Geisel había acabado efectivamente con la censura de prensa, derogado las Leyes Institucionales que otorgaban al presidente poderes prácticamente ilimitados y reavivado la oposición política.

Durante la presidencia de Geisel también se produjeron cambios significativos en la dirección de la política económica y exterior brasileña. Aunque el presidente siguió pidiendo grandes préstamos para hacer frente al déficit comercial y a la inflación, muchas de sus medidas estaban dirigidas a hacer que Brasil dependiera menos de las importaciones a largo plazo. El gobierno renovó las fuertes inversiones en proyectos de infraestructuras y comunicaciones del Estado, incluso en zonas rurales y subdesarrolladas que hasta entonces habían estado desatendidas. En particular, apoyó la diversificación del sector energético brasileño y la dependencia del país de las importaciones de petróleo, fomentando el desarrollo de la industria de producción de etanol.

El grupo tecnocrático de economistas responsables de las políticas neoliberales durante el milagro brasileño fue destituido, y el país adoptó una política exterior que complementaba los cambios económicos. Por ejemplo, aunque Estados Unidos seguía siendo un socio comercial fuerte, Brasil empezó a estrechar lazos con naciones europeas y asiáticas. Geisel consiguió cerrar un acuerdo con Alemania Occidental por valor de unos diez mil millones de dólares para financiar la construcción de ocho reactores nucleares en el país, siguiendo su intención de diversificar el sector energético.

La energía nuclear era una solución sostenible y, a largo plazo, barata a la dependencia brasileña del petróleo. Los nuevos socios internacionales de Brasil y su menor dependencia de Estados Unidos alarmaron a Washington, que respondió aumentando sus críticas a las continuas violaciones de los derechos humanos por parte del régimen brasileño. En última instancia, esto ejerció más presión sobre Geisel y su sucesor, João Figueiredo, para que suavizaran las medidas represivas del gobierno contra los disidentes y opositores políticos.

Democratización

João Figueiredo, que asumió el cargo de presidente en marzo de 1979, continuó la liberalización política iniciada por Geisel. Curiosamente, Figueiredo había sido durante mucho tiempo miembro del régimen militar, llegando a ser jefe de la Oficina Nacional de Inteligencia y supervisando muchas de las prácticas violentas del régimen durante la década de 1970.

Figueiredo juró su cargo mientras Brasil vivía otra crisis económica provocada por la inestabilidad del mercado mundial, con una inflación que llegó a alcanzar el 110 % en 1980. La crisis golpeó con mayor dureza a los sectores más bajos de la sociedad brasileña, que siguieron organizando manifestaciones masivas contra el gobierno. El gobierno no pudo hacer frente a estos problemas internos y tuvo que pedir un rescate al Fondo Monetario Internacional en 1983. Tras rigurosas negociaciones, el FMI prestó a Brasil una enorme suma de dinero a un alto tipo de interés. Pero el FMI se enfadó cuando la administración de Figueiredo no redujo el gasto para cumplir su parte del trato. Aunque técnicamente el PIB del país siguió creciendo durante su presidencia, también lo hizo la inflación, que se había duplicado hasta cerca del 223 % en 1984.

Una de las políticas más importantes de la administración de Figueiredo —una de las que quizá desempeñó el papel más relevante en la redemocratización del país— fue la ley de amnistía para los exiliados políticos y los disidentes que habían sido perseguidos anteriormente por el gobierno militar. La ley de amnistía se aprobó a pesar de las duras críticas de varios destacados oficiales del ejército de línea dura, que deseaban mantener el *statu quo*. Al ocupar puestos importantes en el gobierno, quizá temían ser castigados por sus crímenes si renunciaban al poder. En diciembre de 1979, Figueiredo decidió abolir el sistema bipartidista con la ayuda del Congreso Nacional. Los obligó a reformar sus estructuras, permitiendo así la aparición de nuevos partidos. Comenzaron a formarse nuevos grupos sociales que reclamaban una mayor liberalización y el fin del régimen militar. Se trataba sobre todo de grupos de izquierda, una amplia alianza que abarcaba desde socialdemócratas moderados hasta socialistas más radicales que abogaban por el ascenso del proletariado al poder.

Para las elecciones legislativas de 1982 acudieron a las urnas 48 millones de brasileños. Por primera vez desde la década de 1960, los gobernadores de los estados y las legislaturas locales fueron elegidos por sufragio directo. La oposición salió así victoriosa en los cruciales estados sureños de Minas Gerais, Río de Janeiro y São Paulo, lo que le dio una motivación muy necesaria a pesar de que el Partido Democrático Social (PDS), sucesor del antiguo ARENA del régimen, obtuvo la mayoría en ambas cámaras del Congreso Nacional.

El Partido de los Trabajadores, o *Partido dos Trabalhadores* (PT), se encontraba entre los grupos de oposición más activos, y comenzó a trabajar con otros partidos políticos para crear un frente unificado contra el régimen. Comenzó a abogar por la celebración de elecciones presidenciales directas, algo que solo podía lograrse con una mayoría constitucional de dos tercios en el Congreso. Se redactó una enmienda constitucional al respecto y se sometió a votación, pero la legislatura nacional, dominada por el PDS, la rechazó.

Las elecciones de 1985 se desarrollaron en un clima político volátil. Las disputas existentes entre los miembros del régimen dieron lugar a unas condiciones preelectorales desfavorables. El presidente Figueiredo había favorecido al coronel Mário Andreazza como su sucesor, quien finalmente perdió la nominación ante el exgobernador de São Paulo, Paulo Maluf, apoyado por los miembros más conservadores del PDS. Esto, en última instancia, provocó una escisión dentro del partido. Muchos miembros abandonaron el PDS, dando ventaja a la oposición. Entre ellos se encontraba José Sarney, expresidente de ARENA y durante mucho tiempo miembro del régimen gobernante. Sarney se convirtió en el nuevo líder del Frente Nacional Liberal, formado por antiguos miembros disidentes del PDS. Se convirtió en compañero de fórmula del opositor Tancredo Neves, un veterano de la política brasileña anterior a la dictadura militar y gobernador en funciones de Minas Gerais, que se presentó por el Movimiento Democrático Brasileño (MDB).

Juntos, la papeleta Neves-Sarney salió victoriosa en las elecciones presidenciales de 1985, acumulando más del 70 % de los votos y derrotando decisivamente al candidato del gobierno, Paulo Maluf. Fue una derrota decisiva para el régimen, que perdió las elecciones presidenciales por 300 votos en el colegio electoral, ganando solo en dos estados. Terminaba así la dictadura militar de veintiún años en Brasil, siendo solo el segundo caso en la historia de Brasil en que el gobierno en funciones transfería el poder pacíficamente a un nuevo presidente. Desgraciadamente, hubo obstáculos adicionales para la oposición. Antes de que pudiera tomar posesión de su cargo en marzo, el presidente electo Neves cayó enfermo y fue sometido a una operación de urgencia en Brasilia. Sarney fue investido en su lugar el 15 de marzo. Aunque se suponía que iba a ser temporal, la salud de Neves siguió empeorando, lo que lo llevó a la muerte el 21 de abril.

Neves fue llorado por la opinión pública, que temía lo que podría ocurrir con la muerte de su nuevo líder en un momento tan crítico. Este sentimiento era especialmente destacado porque el vicepresidente Sarney, que ejerció el mandato de Neves hasta 1990, era un antiguo miembro de la antigua dictadura militar. Sin embargo, estos temores no se materializaron. Sarney cumplió las promesas que había hecho durante su campaña y nombró a los ministros que Neves había favorecido.

El primer año de Sarney como presidente marcó la legalización de todos los partidos políticos, incluido el Partido Comunista Brasileño, que había estado proscrito de la política brasileña durante mucho tiempo. Para entonces, sin embargo, había perdido su prestigio y su apoyo de masas, y la mayoría de los brasileños apoyaban alegremente al moderado PT de centro-izquierda. Le siguió el ambicioso Plan Cruzado, un conjunto de medidas económicas para luchar contra la creciente inflación del país, incluida la regulación de los precios. El plan, a pesar de un breve periodo de éxito inicial, acabó fracasando, lo que provocó un aumento del déficit comercial de Brasil en 1987 y un desabastecimiento.

Al año siguiente, una nueva constitución puso fin por fin a las prácticas autoritarias legitimadas del gobierno militar. La nueva constitución reafirmó las libertades personales y sociales, pero fue objeto de críticas por su ambigüedad a la hora de reorganizar el sistema federalista, que había sido un elemento básico de la democracia brasileña durante mucho tiempo. No obstante, la llegada de Sarney a la presidencia marcó el final de la lucha de más de una década por la democratización de Brasil. En un contexto internacional, formó parte de una gran oleada de democratización en todo el mundo. En América Latina, Brasil sirvió de ejemplo para el fin de los regímenes autoritarios en Chile y Argentina, mientras que el proceso de democratización mundial culminó con la caída de la Unión Soviética.

En 1989, Brasil celebró sus primeras elecciones presidenciales directas desde 1960. Fernando Collor de Mello, del Partido de Reconstrucción Nacional, salió victorioso frente al candidato del PT, Luiz Inácio da Silva (Lula). Se convirtió en el próximo presidente del país con unos 36 millones de votos del público, mientras que Lula acumuló unos 31 millones. Collor ganó con una plataforma neoliberal que exigía la reducción del gasto público y siguió luchando contra las graves dificultades económicas del país durante todo su mandato. Aunque había sido un firme crítico de la corrupción existente en la política brasileña, fue acusado de participar en tramas de corrupción durante su presidencia, lo que condujo a su destitución por la Cámara de Diputados en 1992. Cuando su caso se sometió a debate en el Senado, quedó claro que sería condenado, sometido a juicio político e inhabilitado para volver a presentarse a un cargo público durante un tiempo. Esto llevó a Collor a dimitir de su cargo, y al vicepresidente Itamar Franco a convertirse en presidente en funciones durante los dos años siguientes.

Desde el restablecimiento de la democracia, Brasil ha luchado por mantenerse a la altura de un mundo que se moderniza rápidamente y de una sociedad globalizada. Hasta el día de hoy, el país sufre una de las distribuciones de riqueza e ingresos más desiguales del mundo. Esto llevó a Lula a convertirse en el primer presidente de izquierdas de Brasil en 2002 y a su posterior reelección en 2006, mientras Brasil experimentaba con la socialdemocracia.

El PT salió victorioso también en las elecciones de 2010, lo que condujo a la elección de la primera mujer presidenta del país: Dilma Rousseff. También fue reelegida en 2014, pero fue sometida a un juicio político tras su implicación en escándalos de corrupción y el aumento del gasto que caracterizó su mandato como presidenta. La «Operación Autolavado» —la investigación que acabó destapando la masiva corrupción en la que participaron activamente muchos de los ex altos cargos políticos de Brasil— supuso un duro golpe para el prestigio del PT.

El juicio político a Rousseff condujo a la elección de Jair Bolsonaro en 2018, un líder populista de extrema derecha del Partido Social Liberal. La llegada de Bolsonaro a la presidencia marcó el regreso del populismo a Brasil, parte de una tendencia más amplia de las democracias mundiales a recurrir a líderes populistas de derechas. A pesar de su victoria, las políticas de Bolsonaro fueron ampliamente impopulares tanto a nivel nacional como internacional, especialmente porque su mandato coincidió con la pandemia del COVID. No abordó eficazmente los problemas causados por la pandemia, incluida una grave crisis económica, y también fue acusado de campañas de propaganda antivacunas que empeoraron la salud pública en el momento más apremiante para el país. Finalmente, su presidencia también estuvo marcada por varios escándalos importantes.

En las elecciones presidenciales de 2022, el dos veces expresidente Lula logró imponerse con solo el 50,90 % del total de los votos, lo que las convirtió en las más reñidas de la historia del país.

Conclusión

Antaño una tierra prometida desconocida en los confines del mundo conocido, Brasil es ahora el quinto país del mundo en extensión y el séptimo en población. También es la undécima economía con un PIB nacional total de casi dos billones de dólares. Desde su descubrimiento y colonización, Brasil ha recorrido sin duda un largo camino hasta su posición actual. Su recorrido desde la época precolonial hasta el presente es como el de muchas otras naciones latinoamericanas. Aun así, existe un aura de singularidad cuando se trata de Brasil, especialmente en comparación con otros países poscoloniales del continente.

La historia de Brasil es la historia de las fuertes personalidades que dominaron el panorama político del país desde la época colonial. Sus intereses y conflictos dieron forma a las estructuras sociales que aún prevalecen hoy en día e influyen no solo en cómo el mundo percibe Brasil, sino también en cómo los brasileños se perciben a sí mismos. Y, sin embargo, algo que quizá caracterice mejor la historia brasileña es la lucha del pueblo. A menudo, olvidados por los intereses de sus dirigentes, siguieron luchando, sin embargo, por sus derechos, libertades fundamentales y prosperidad, que merecían, por encima de todo.

Resulta fascinante comprobar que Brasil se ha convertido en uno de los países más diversos del mundo, con una cultura única que combina lo mejor de los muchos pueblos diferentes que lo habitan. Brasil es conocido por su hospitalidad y su apasionante forma de vida, que cautiva a los visitantes hasta el día de hoy.

El oscuro recuerdo de la opresión, incluida la práctica de la esclavitud, que duró hasta finales del siglo XIX y costó la vida a millones de inocentes, perdura hoy en día. La desigualdad entre las distintas partes de la sociedad puede ser observada claramente por quienes presencian las favelas de Río, y solo después de examinar de cerca la historia del país pueden identificarse las razones estructurales que subyacen a estas desigualdades.

Es la historia brasileña la que puede ofrecer explicaciones e incluso soluciones a muchos de los problemas sistémicos profundamente arraigados que asolan Brasil hasta nuestros días. El objetivo de este libro era destacar los acontecimientos clave en los que se pueden encontrar estas respuestas y ofrecer a los lectores de todas las edades y gustos una visión de la cautivadora historia de un país tan extraordinario como Brasil.

Vea más libros escritos por Enthralling History

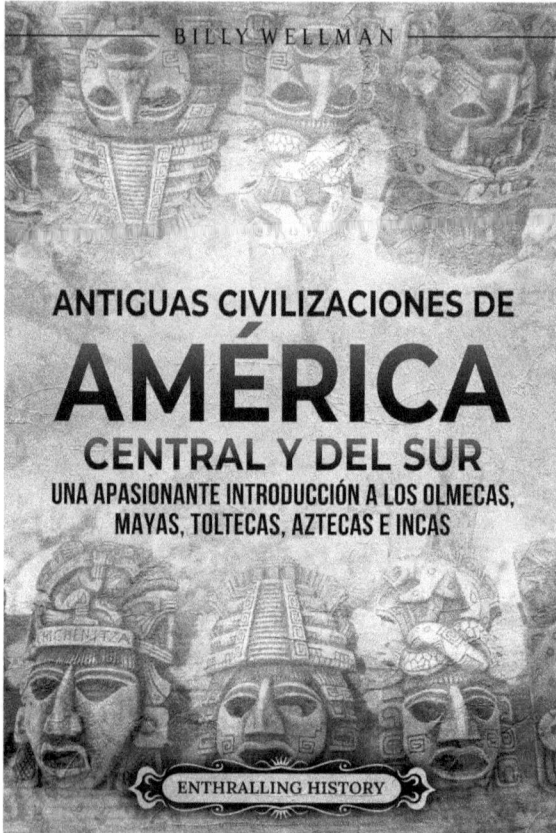

Referencias

1. Bethell, Leslie. "Populism in Brazil." In *Brazil: Essays on History and Politics*, 175–194. University of London Press, 2018. http://www.jstor.org/stable/j.ctv51309x.10

2. Bethell, Leslie. "The Decline and Fall of Slavery in Brazil (1850–88)." In *Brazil: Essays on History and Politics*, 113–144. University of London Press, 2018. http://www.jstor.org/stable/j.ctv51309x.8

3. Bethell, Leslie. "The Long Road to Democracy in Brazil." In *Brazil: Essays on History and Politics*,147–174. University of London Press, 2018. http://www.jstor.org/stable/j.ctv51309x.9

4. Bethell, Leslie, ed. *Colonial Brazil*. Cambridge University Press, 1987.

5. Burns, E. Bradford, Momsen, Richard P., Martins, Luciano, James, Preston E., and Schneider, Ronald Milton. "Brazil." *Encyclopedia Britannica*, August 28, 2024. https://www.britannica.com/place/Brazil

6. Fausto, B., and Fausto, S. *A Concise History of Brazil*. Cambridge University Press, 2014.

7. Martin, Percy Alvin. "Slavery and Abolition in Brazil." *The Hispanic American Historical Review* 13, no. 2 (1933): 151–196. https://doi.org/10.2307/2506690

8. Meade, T. A. *A Brief History of Brazil*. Infobase Publishing, 2010.

9. Newitt, M. *A History of Portuguese Overseas Expansion 1400-1668*. Routledge, 2004.

10. Putnam, Samuel. "Vargas Dictatorship in Brazil." *Science & Society* 5, no. 2 (1941): 97–116. http://www.jstor.org/stable/40399384

11. Teresa P. R. Caldeira, & Holston, J. "Democracy and Violence in Brazil." *Comparative Studies in Society and History* 41, no. 4 (1999): 691–729. http://www.jstor.org/stable/179426

Fuentes de imágenes

1   https://commons.wikimedia.org/wiki/File:Henry_the_Navigator1.jpg

2   https://commons.wikimedia.org/wiki/File:Capitanias.jpg

3   https://commons.wikimedia.org/wiki/File;Jesus,_Benedito_Calixto_de_-
    _Domingos_Jorge_Velho_e_o_Loco-tenente_Ant%C3%B4nio_F._de_Abreu.jpg

4   https://commons.wikimedia.org/wiki/File:Bandeira_da_Inconfid%C3%
    AAncia_1789_Os_Inconfidentes.jpg

5   https://commons.wikimedia.org/wiki/File:Retrato_de_D._Jo%C3%A3o_
    VI,_Rei_de_Portugal.jpg

6 . https://commons.wikimedia.org/wiki/File:DpedroI-brasil-full.jpg

7   https://en.wikipedia.org/wiki/File:Pedro_II_of_Brazil_-_Brady-Handy.jpg

8   https://commons.wikimedia.org/wiki/File:Deodoro_da_Fonseca_(1889).jpg

9   https://commons.wikimedia.org/wiki/File:Getulio_Vargas_(1930).jpg

10 https://commons.wikimedia.org/wiki/File;Juscelino.jpg

www.ingramcontent.com/pod-product-compliance
Lightning Source LLC
LaVergne TN
LVHW051749080426
835511LV00018B/3275